JN313683

クリエイティブで世界を変える

福島治［著］＋佐藤良仁［編］

六耀社

目次

00 巻頭対談「福島治×佐藤良仁」

この本を出版しようとした理由は？

佐藤　私たち広告クリエイターは、企業のコミュニケーションにおける問題を発見し、クリエイティブなアイデアで解決することを仕事にしています。十五年ほど前、ある企業のCSR活動のPRをお手伝いする機会がありました。そのとき、CSRを広報することも、商品の広告を考えることも、根本的には同じだと感じたのです。そして、「社会の問題もクリエイティブなアイデアでもっと解決できるのではないか」という考えに至りました。その後、それを実践する目的で、公益社団法人日本広告制作協会（注1）（当時・社団法人、以下OAC）に入会し、同協会の諸先輩方とともに、あるいは私個人で、試行錯誤を繰り返しながら、よちよち歩きではありますが活動をスタートしたのです。その中で、人に会って話を聞いたり、本で勉強しているうちに、さまざまな方が同じようなことを考えて社会貢献に取り組んでいることを知りました。そこで学んだことや、感動したことをたくさんの人に知ってもらいたいという気持ちが徐々に強まり、このような本づくりを始めたのです。

福島　私は四年前にソーシャルデザインの必要性を強く感じました。きっかけは「チェンジメーカー」（注2）という言葉に出会ったこと。それからは、世の中に出ているソーシャル関連の本を片っぱしから読みました。現在、自分でもいくつものプロジェクトを企画・実施しています。そうした活動の中で、いろいろな人に出会ってお話を伺い、日本人にも素晴らしいプロジェクトを行っている方がたくさんいることを知りました。一方、若い人たちの中にも「社会起業家にな

Osamu Fukushima

りたい」「ソーシャルな活動に自分の職能を活かしたい」と考えている人は意外と多いことも知りました。あるいは、「もっと自社の財産を活かして、より良いCSR活動を行いたい」と考える企業の担当者もいらっしゃることを耳にし、そうした人たちにヒントを与え、さらに社会的な広がりにつなげたいと考えるようになったのです。そして、どこで出版してもらうかを考えていたときに、偶然ですが、古い知人である佐藤氏から「こういうことを考えているから一緒にやってみないか」と声を掛けられました。

佐藤　最初は半分ずつ作業を分担する予定でしたが、福島さんの思いが熱く、十八名の取材とその原稿制作、そしてデザインまでほとんど彼が一人でやってしまいました（笑）。私はどちらかというと、全体の編集という形でフォローする体制で作業を進めました。社会は、人間の知恵やクリエイティブな発想で歴史を重ねてきたと言って良いでしょう。それなりに裕福な〝普通の生活〟をしていると、「社会を良くするために立ち止まって、きちっとアイデアを使って考える」という機会は意外と持てないのではないかなと思います。この本を通して、「未来に向けて、人間の知恵と考え一つで社会の仕組みを変えることができる」ということを知ってもらいたい。本書にはその実例がぎっしり詰まっています。この本が「社会を良くするために立ち止まって、きちっとアイデアを使って考える」機会になれば幸いです。

日本でもさまざまなソーシャルな活動が行われているという事実をたくさんの人に伝えることに、どのような意義を感じていますか？

福島　先般の東日本大震災で「日本人の価値観が変わる」とか「社会に大きな変化をもたらす」といったニュースやコメントをよく耳にしたものですが、放っておくと元に戻ってしまうという強い危機感を持っています。特に原発の問題に関しては、私自身が広島出身で核の恐ろしさは小さい頃から教育されていたので、非常に関心を持っていました。ところが、震災から半年たった頃までは世論

Yoshihito Sato

調査で「原発は必要」という人が意外と多かったのです。その一方で、今回取材させていただいたマエキタさん、あるいは坂本龍一さんや大江健三郎さんなどが集会やソーシャルメディアを通して多くの人に「反原発」を継続的に呼びかけ、ようやく世論が「反原発」のほうへ傾いてきた。具体的にアクションを起こし、メッセージを送ったことによって、世の中が少しずつ変化していったわけです。日本には「お上（おかみ）」という言葉があるように、官が社会のほとんどを司り、市民が自ら血を流して自分たちの社会を手に入れたことがないんですね。明治維新も武士階級が行ったことで、町民や農民はどちらかというと傍観者、応援者でした。現在の日本社会も戦争でアメリカに占領され、彼らが提示した仕組みからスタートしているので、国民が命を賭けて仕組みを手に入れたわけではありません。それらを踏まえ、一般市民がアクションを通じて社会問題を「他人事」ではなく「自分事」として捉え、より良い方向に向かうことをしなければ世の中は変わらないと思いました。本書で取り上げた十八人は、それぞれの思いや方法は違いますが、自分のミッションに確信を持ってアクションをしている点では共通しています。

佐藤　話は変わりますが、現在はインターネットのなかった少し前の時代とはまったく環境が違うという点は大きいと思います。もちろんインターネットが登場する以前にも、社会貢献を考えている人は少なからずいたはず。ただし、個人的には考えていたとしても、なかなか他の人とつながって思いを共有することが難しい時代だった。今はインターネット上の掲示板やブログ、ツイッター、フェイスブックなどを通じて、つながること、集まること、そして自分の思いを伝えることが容易になりました。ひょっとすると今回取材にご協力いただいた十八人の方々も、二〇年前に同じことをやったらうまくいかなかったかもしれない。でも、今ならできる。そして、これからもっとできるようになる。自分のアイデアで世の中を変えることが容易になったことは、とても重大な変化だと思います。

福島　それはまったく僕も同感です。今回取材した方も、新しいソーシャルメディアを非常に有効に活用しています。むしろ、それがなければ成り立たなかったプロジェクトがたくさんあると感じ

【福島 治】Osamu Fukushima
一九五八年広島生まれ。日本デザイナー学院広島校卒業後、浅葉克己デザイン室、広告代理店ADKを経て一九九九年福島デザイン設立。東京ADC賞、JAGDA 新人賞、カンヌ国際広告祭ゴールド及びブロンズメダル、メキシコ国際ポスタービエンナーレ金賞、NY FACSTIBAL 銅賞、ブルガリア・ステージポスタートリエンナーレ第三位、国際ポスタートリエンナーレトヤマ・グランプリなど数多くの賞を受賞。ライフワークを「デザインにおける社会貢献の可能性」として障害者アートライブラリー「アートビリティ」の活動支援を始め、ユニセフ祈りのツリープロジェクト、JAGDA 東北復興支援チャリティ「やさしいハンカチ展」など数多くのソーシャルプロジェクトの企画、実施を行っている。また、独自の教育方法によって、読売広告大賞で三年連続グランプリを始め、学生に三〇以上の賞を受賞させている。東京工芸大学デザイン学科教授
http://www.fukushima-design.jp/

【佐藤良仁】Yoshihito Sato
外資系制作会社のアートディレクター、クリエイティブディレクター、代表取締役社長を経て現在に至る。現在、公益社団法人日本広告制作協会（OAC）理事・教育支援部会 部会長、

ました。「アラブの春」に象徴されるエジプト革命などは、武力政権に対してある一人のヒーローが政権を転覆させたわけでなくて、フェイスブックなどソーシャルメディアで市民が共鳴し合いながら一つの方向に動いたことが、人類史上初めて武器を使わずに武力政権を変えた。それはソーシャルメディアの持つすごい可能性を指し示した人類史に残る事例だと思います。

佐藤　それから、いろいろな活動を通して痛烈に感じるのは「若い世代の力」です。私はある中学校に美術の授業のサポートに行っているのですが、その学校では一年生のときに環境問題をテーマにしたミニポスターを作り、さらに三年生になると改めて同じテーマのポスターを作るということを行っています。私が子どもの頃、いわゆる「公害」は社会問題になっていたものの、そういった授業はありませんでした。だから、我々の世代、あるいはその上の世代が思っている以上に、今の若い人々は環境の知識や情報を当たり前のように持っています。彼らを侮ってはいけない。実際、私が携わっている活動でも一番熱心なのは若い世代であって、我々の世代ではないのがちょっと淋しい（笑）。どうも最近、彼らの一面だけを見て「今の若い人たちは草食系で覇気がない」と決めつける風潮がありますが、そもそも「肉食系だから良い」「草食系だから駄目」という問題ではないはずです。昔の「マンモスコンピュータ」と、今の「クラウドコンピューティング」はどちらが優れているかを議論しても意味がないのと一緒です。まさに「クラウド世代」である今の若い人々は、自分に必要な知識や情報、考え方と自在につながって力を発揮します。そうした「アイデアだけでつながっていく」という潜在能力を秘めた彼らこそが、新しい時代をつくっていくと最近非常に感じています。大昔、恐竜たちが地球上を支配していました。彼らが滅び、肉食獣の時代になり、さらに草食動物の時代へと移っていった。同じように現代社会でも、しばらく君臨していた大巨匠が姿を消し、個々は小ぶりになっていった。しかし、民族としての総力に変化はなく、変わったのは「やり方」だけじゃないかと思うのです。これからの時代を担う若い世代の人々は、アイデアというものを核にソーシャルメディアなどでつながり、どんどん世の中を良い方向に持っていってくれるのではないかと期待しています。

株式会社 1192、面白法人カヤック、株式会社ベルズ他多数のクリエイティブ系企業の顧問。また、大学・専門学校・中学校での、クリエイティブ教育の支援活動を通して、問題発見をして、アイデアで問題解決のできるクリエイティブな人材の育成に積極的に取り組んでいる。編著として、【クリエイティブ・アイデアのヒミツとヒケツ】、クリエイターをめざす人のための【人の心を動かす三ツ星ポートフォリオの企画「虎の巻」】、【めざせ独立の星。クリエイターの起業「虎の巻」】、【クリエイター】二〇一一・二〇一二・二〇一三版他。受賞歴は、日本企業Ｗｅｂグランプリ、International Echo Awards、John Caples International Awards 他

（注1）公益社団法人日本広告制作協会略称ＯＡＣ（The Organization of Advertising Creation）。広告制作を専業とする企業によって構成されるわが国唯一の公益社団法人。一九七四年に設立。一九八八年に社団法人の認可、二〇一二年三月に内閣府より公益社団法人の認定。現在正会員八十六社、特別賛助会員、賛助会員六十九社（二〇一二年九月現在）が加盟。会員社に所属するクリエイターは六〇〇〇人を超え、コミュニケーションとクリエイティブのプロフェッショナルとして、

それぞれが行ってきた社会貢献活動を、具体的に教えてください。

佐藤　現在、私が理事を務めているOACでは、同協会が主催する「クリボラ」（クリエイティブボランティア）（注3）、中学生のポスター制作を支援する「OAC中学校美術授業サポート」（注4）、アイデアで、環境の未来をつくる「朝日地球環境フォーラム分科会・カヤック×日本広告制作協会」（注5）、「OAC学生アイデアで社会をよりよくするコンテスト」（注6）などの活動に関わっています。「OAC中学校美術授業サポート」は、「クリボラ」と大田区雪谷中学校との連携によって今の形が生まれ、「朝日地球環境フォーラム分科会」でのイベントは、二〇一一年に「朝日地球環境フォーラム」で「第3回クリボラ展」の作品展示を試みたことから事業が始まりました。活動に真剣に取り組んでいくといろいろとつながっていくことを実感しています。四つ目の「OAC学生アイデアで社会をよりよくするコンテスト」ですが、その内容を決める会議でOAC会員や教育機関の先生方のご意見で「年度テーマ」を決めるべきとの流れになりました。私はこのコンテストをテーマなしの「問題を発見し、解決できる人を育てるコンテスト」にしたかった。テーマを設定する方の意見に傾きかけたとき、唯一学生として参加していた二人が、「私たちは問題を自分で見つけて解決する方がしたい」「誰かにテーマを決めてもらっては成長できないと思う」とハッキリと発言してくれたのです。そこで、全員が学生たちを信じようということになった。「年度テーマ」のないちょっと珍しいコンテストになりました。

福島　私は広告のアートディレクターを三〇年以上務めてきました。また、美術大学でデザインを教えることも九年目になります。もともと「人生百年」と考えていましたが、五〇歳になったときに「残りの五〇年を自分がどう生きるべきか」と考えたんですね。これまで広告を中心に三〇年やってきたので、自分ができることは大体想像がついてしまった。そこを掘り下げても自己満足で終わってしまうと思いました。これからの生き方を改めて考える中で、先ほどお話をした「チェンジメーカー」「社会起業家」という言葉に出会いました。自分はデザインのプロフェッショナルですが、

公益法人として社会貢献や広告業界の発展、会員企業の安定に寄与することを理念として活動中。

（注2）チェンジメーカー　ソーシャル・アントレプレナー（社会起業家）の別称。利益を上げることが活動の一番の目的ではなく、既存の枠組みを超える独創的でユニークな発想により、深刻で差し迫ったさまざまな社会問題を軽減し解決する方法を提示して、世界を変えるために活動を行っている人々のこと。

（注3）クリボラ（クリエイティブボランティア）　クリエイター集団としての社会貢献を目的とした公益事業の展開を目指し、二〇〇五年にOACが発足させたクリエイティブによるボランティア活動。「第1回・第2回クリボラ」は、ユニセフ（国連児童基金）による「子どもとエイズ」世界キャンペーンを支援したポスターとWEBの作品を制作し、展覧会を国内外で開催。メキシコの海外巡回展では、その作品を見て共感したメキシコのデザイナーたちが、同テーマでのポスター制作に至り、日本でメキシコの作品と日本の作品との合同展示展覧会も実施。「第3回OACクリボラ」は、「地球環境：あなたが世界を変える日」をテーマにポスター

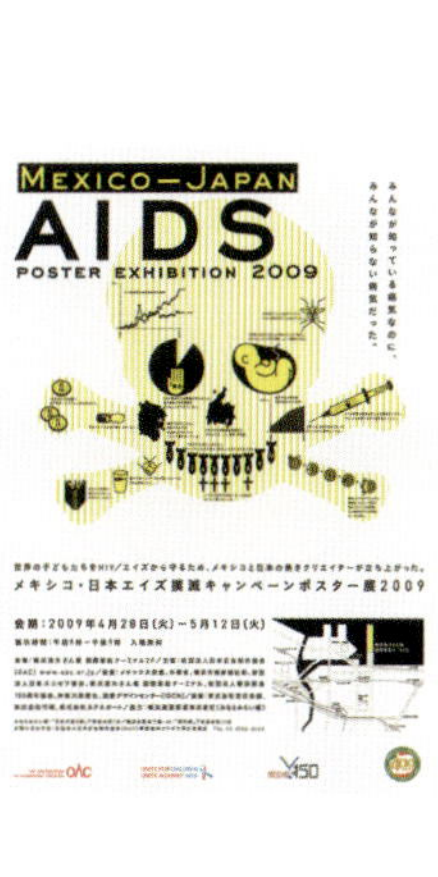

とWEBの作品を制作し展覧会を実施。そして、「第4回OACクリボラ」となった二〇一二年は、東日本大震災からの復興を願って被災地へプレゼントするカレンダーの各月を異なるクリエイターが担当し、最終的に一つのカレンダーとして完成。カレンダーと義援金を届ける被災地支援プログラムならびに展覧会とチャリティ販売を実施。

そのスキルを使って社会貢献できる可能性があることに気づき、障害者アートライブラリー「アートビリティ」（注7）の活動支援を始めました。その存在は一〇年ほど前から知っていましたが、私自身にどういった支援ができるか答えが見つからず、少し距離を置いていたのです。「チェンジメーカー」という言葉に出会い、とにかくアクションを開始しなければ駄目だと思いました。そこで、「アートビリティ」の活動をどのようなかたちでも良いので支援をしようと、同団体の活動に参加させていただきました。「アートビリティ」は、日本で一番大きな組織で、福祉業界でも全国的に有名な活動なのに、その作品を最も使用する編集や広告、グラフィックデザイン業界の人たちはほとんど知らない。とても魅力的な作家がたくさんいるので、彼らを知ってもらうための広報活動でお手伝いできることをしようと考えました。当然ながら通常の宣伝・広報活動には多くの予算が必要になりますが、まず自分にできることから始めようと思いました。

コストをかけない宣伝・広報とは、どんな方法ですか？

福島　幸い、私は大学でデザインを教えています。学生たちは卒業して四〜五年もたつとプロとして仕事を任され、イラストレーションを使用するようになります。であれば、学生たちに「アートビリティ」の活動の意義や作家の魅力を伝えておけば、やがて彼らがプロのデザイナーになったときに、作品を使ってもらえる可能性が生まれる。そこで、「押しかけ出前講義」というプロジェクトを自分で勝手に始めました。依頼もされていない美術大学のデザイン学科にこちらから「僕に九〇分一回の授業をください」とお願いをします。二〇一一年は自分の大学を含め五つの美術大学、六つの学科で「押しかけ出前講義」を行いました。とはいえ、大学の講義として「アートビリティ」の紹介だけでは内容が浅すぎるので、「デザインと幸福」と題打った講義にしました。実際にクリエイティブの力を使いながら社会問題を解決に導いたり、少しでも笑顔を増やすためのプロジェクトを行っている「チェンジメーカー」を国内外を問わず紹介し、「幸福感を感じながら働く」とい

（注4）OAC中学校美術授業サポート
二〇一一年、東京都大田区立雪谷中学校の三年生の美術授業をOACがサポート。「世界環境について〜私たちが地球のために出来ること〜」をテーマとしたポスター制作に、生徒たちが挑戦した。同中学校では事前に地球環境を考える授業を行い、それをどのように表現したら見る人に伝わるか、表現方法やアイデアの発想法などの指導をOACが担当、合計八授業を行った。その後、雪谷中学校と地元の東京工科大学デザイン学部とOACとの連携プロジェクトとして、制作したポスターの学内審査、文化祭での生徒の作品と「第三回OACクリボラ展」ポスターとの合同展示を実施。二〇一二年もその活動は続いている。

うことを若い世代に知ってもらおうとしたのです。

佐藤　実は、ＯＡＣのイベントでも同じ講義をやっていただきました。

福島　「アートビリティ」の活動支援は、ライフワークとしてこれからもずっと続けていくつもりです。二〇一二年一〇月には、銀座の「クリエイションギャラリーＧ８」で、障害者アーティストとデザイナーのコラボレーションによる大きな展覧会もプロデュースしました。「アートビリティ」の活動支援を始めて一年後に東日本大震災が起き、デザインの力を有効に使いながら被災地を支援するプロジェクトを行わなければと考えました。そのとき感じたのは、ミュージシャンならすぐにチャリティコンサートを開いて寄付を集められますが、デザインというのはアイデアを考え、定着し、メディアを使って発信するという時間がかかる職能だということ。それなら、逆に被災地に対する世間の関心が薄まった頃にプロジェクトを実行すれば、準備も十分にできると思ったんですね。さらに、一人の人間や特定のグループがプロジェクトを行うのではなくて、たくさんのクリエイターが参加したことでプロジェクトが実現する仕組みにしたかった。他の誰かがやれば「他人事」で終わってしまいますが、参加することによって「自分事」に変わり、それを次のアクションにつながるプロジェクトにするのが、「支援」プラス「次の可能性」を生み出すことになると考えました。

「被災地に対する世間の関心が薄まった頃」ということですが、実際にはいつ実行したのですか？

福島　実施のタイミングについては、「一年の中で子どもたちが一番笑顔になってほしい一日っていつだろうか」と考えました。それはクリスマスだろう、ちょうど震災から九カ月なので、社会的な関心をもう一度呼び起こす意味でも良い時期だと思いました。僕一人の力では実現不可能なので、すでにソーシャルプロジェクトの実績を積んでいるHAKUHODO DESIGNの永井一史さんと、電通のソーシャル・デザイン・エンジンの並河進さんに協力をお願いしました。それから、被災地の状況を一番把握しているユニセフにも協力していただき、「ユニセフ祈りのツリープロジェクト」（注

（注5）アイデアで、環境の未来をつくる「朝日地球環境フォーラム分科会・カヤック×日本広告制作協会」
二〇一二年一〇月十六日、ホテルオークラ東京にて、大学生・大学院生・専門学校生・高校生を対象に開催した「未来をつくるワークショップ」。ＯＡＣと面白法人カヤックとのコラボレーションにより、アイデアの作り方から実際のアイデア出しまでを、参加した学生たちをサポートしながら実践。

（注6）「ＯＡＣ学生アイデアで社会をよりよくするコンテスト」
ＯＡＣが「常に社会に対して、問題意識を持ちクリエイティブなアイデアでその問題解決が出来る人の育成支援」を目指して実施している、学生を対象とするアイデアコンテスト。

8）を立ち上げました。最終的に二〇〇〇人のクリエイターや美大生に参加してもらい、日本のデザイン、広告界におけるソーシャルプロジェクトでは過去最大級の参加型プロジェクトになったと思います。もう一つのプロジェクトですが、私が所属している日本グラフィックデザイナー協会（JAGDA）では毎年展覧会を行っています。私は展覧会委員を務めていたので、この展覧会の仕組みを使って被災地支援を行うことを提案しました。企画は「使った人が優しい気持ちになるハンカチ」をグラフィックデザイナーが自由にデザインして全国でチャリティ販売し、それを被災地の子どもたちにプレゼントするというもの。このJAGDA東北復興支援チャリティ「やさしいハンカチ展」（注9）には、五八六人のグラフィックデザイナーが参加し、最終的に七〇〇〇枚のハンカチを被災地の子どもたちにプレゼントしました。それらが、私の実施した被災地支援プロジェクトです。この二つのプロジェクトは今年も継続しています。

先ほど「デザインと幸福」というお話がありましたが、こういう活動をしているお二人がまず幸福を感じているのでは？

佐藤　正直言って幸福です。

福島　私はまだ幸福じゃない。今もあがいています。もちろんやりがいはものすごく感じて、「幸福」と感じられる瞬間はあるのですが、まだ模索中ですね。

佐藤　「幸福」という概念は目標じゃないと思っています。たとえばボクシングの選手が、練習は辛くても、試合で闘っている最中は幸福と感じたり。

福島　やっているときが一番ですからね。

佐藤　そうそう。到達点ではないのだから、つねにそういう気持ちでいられるかどうかが重要だと思うのです。社会貢献に参加することが楽しくて、自分の発想が広がっていくという喜びを感じられることが大事だと思います。

（注7）アートビリティ
障害者の自立を支援する事業を行っている社会福祉法人東京コロニーが、アートの分野でも彼らの持っている才能を活かし、収入に結びつけることを目的として始めた事業。一九八六年、「障害者アートバンク」として設立。全国から寄せられ、審査を経て登録された作品をデジタルライブラリーとして保管し、ポスターや冊子の表紙などの媒体に貸し出しをすることにより、作者に使用料を支払うというユニークで画期的なシステム。設立当時から「才能に障害はない」を合言葉に、二〇〇一年、「障害者」という冠をはずし、「アートビリティ」に名称を変更した。現在、約二〇〇名の作家による約三二〇〇点の作品が揃った、堂々たる芸術ライブラリー。※Arbility：art＋ability（能力、才能、できること）の造語。
http://www.arbility.com/

［左］「アートビリティ」登録作家の相田大希「秋の日」

(注8)ユニセフ祈りのツリープロジェクト　二〇一一年、デザインの力を使って、クリスマスに東日本大震災で被災した子どもたちに笑顔をプレゼントするためのプロジェクト。福島治、永井一史、並河進が発起人となりユニセフと企画・運営を行う。呼びかけ人として、佐藤可士和をはじめとする業界のリーダー二十八人が協力し、デザイン界、広告界、美術大学にプロジェクトの参加を呼びかけた。プロジェクトには、会社や学校の垣根を超えて二〇〇〇人が参加。参加者はこのプロジェクト用に開発した、紙製の組み立て式オーナメントを一人三個制作し、被災地の子どもたちにプレゼント。都内でも展示とチャリティ販売が行われた。銀座三越、松屋銀座、資生堂ザ・ギンザ、有楽町ロフト、ルミネ有楽町に、オーナメントを飾り付けた祈りのビッグツリーを展示。クリスマス前には、被災した十五カ所の幼稚園、保育園に約一〇〇人のボランティアが赴き、オーナメントを届け、子どもたちとオーナメント制作のワークショップを実施。延べ一〇〇〇人の子どもたちに笑顔をプレゼントした。プロジェクトは二〇一二年度も継続中。

福島　そこって大事ですよね。今まで日本人にとって「ボランティア」とは特別なことで、「自己犠牲」というニュアンスもかなりありました。それを変えていく必要があると思っています。もっと当たり前に、ライフスタイルの延長線上で、「僕は登山が好きだから、山の環境保護のボランティア活動を楽しみながらやっています」と自然な感覚でみんなができるようになってくると、世の中はもっと変わっていくと思います。僕が実施しているプロジェクトで一番気をつけていることは、ボランティアで参加した人たちにどれだけ達成感や充実感を感じてもらえるかということでした。いろいろと気を遣ったりするわけですが、なぜそうするかというと、「やるにはやったけれど、疲れたからもういいや」で終わってしまうのではなく、「達成感があった」「またやりたい」と感じる人が増えれば世の中は変化していくと思ったのです。

佐藤　「ボランティア」という言葉もいけないと思う。単純に「家の中にごみが落ちていたら拾う」といった普段していることの延長線上、あるいはお年寄りが立っていたら席を譲るように、困っている人がいたり支援できることがあれば普通にやれば良いこと。日本の社会ではそれが「特別なこと」と捉えられがちなのが不思議ですよね。

福島　そうしたことがごく自然なことになるように我々は頑張らなければいけませんよね。

この本のポイントはどのようなところでしょうか？

福島　今回、十八人全員にお会いしてお話を伺いました。皆さんに共通していたのは「『世の中の価値観を変える』とか『世の中を良くする』と言葉で言ったところで具体的にアクションをしなければ結局世界は変わらない」ということ。その中で「お金の流れを変える」と話す方が何人かいらっしゃったんですね。資本主義の世の中では、従来、ある種の「欲望」だったり「自己満足」のためにお金を使っていた。企業も目先の利益を上げるための判断をしていた。たとえば、これまでは個人が何か世の中に良いことをやりたいと思っても、それを始めるための資金集めは、募金箱を持っ

（注9）JAGDA 東北復興支援チャリティ「やさしいハンカチ展」
日本グラフィックデザイナー協会の組織力を活かした復興支援プロジェクトを、会員である福島治が提案。JAGDAの企画した展覧会としては、過去最高の五八六人の会員が参加。誰かがハンカチを買うと、子どもたちにそれと同じデザインのハンカチが届くシステム。受け取った人が「やさしい気持ち」になるハンカチを五八六人が、それぞれの思いを込めてデザインした。日本橋高島屋、ミッドタウン・デザインハブをはじめとする全国十四カ所でチャリティ販売され、約七〇〇〇枚のハンカチを被災地の小学生にプレゼントした。プロジェクトは二〇一二年度も継続中。

て回るくらいしかできなかった。ところが、今回取材した「READYFOR?」のクラウドファンディングサービスを使った寄付システムでは、個人が立ち上げたプロジェクトをウェブサイトで見た人が心の「イイネ！」ボタンを押すことにより、「僕はこのプロジェクトを応援したいので寄付します」といったことができる仕組みなのです。たくさんの支援者が現れれば、知名度のない個人でもミッションを実現することができるわけです。今までだったら、「おいしいものを食べに行く」ということに使っていた五〇〇〇円を、「ミャンマーの病気の子どもを手術するプロジェクトを自分も支援しよう」という思いのために使う。すると、お礼状や結果報告もちゃんと来るのです。寄付したことで、その子が元気になったことを「自分事」として喜べる。プロジェクトを立ち上げた実行者も、支援者も同じようにその喜びを共有できるシステムになっているのです。素晴らしいですよね。同じ五〇〇〇円でおいしいものを食べても、その感激はたちまち忘れてしまうかもしれませんが、子どもの命のために使えば一生忘れない五〇〇〇円になると思うんですね。そういったシステムがあるからお金の流れを変えることができ、社会をより良くするためのお金の使い方ができるようになって来たと言えます。それから、「他人事」から「自分事」にすることも大切なキーワードでした。今回取材した多くの方が、できる限り「他人事」が「自分事」になるように、「アイデアの力で参加するきっかけづくりを工夫して、達成感があるプロジェクトを実現させていきたい」とおっしゃっていたのがすごく印象に残りました。その二つがこの本の大切なキーワードになっていると思います。それから忘れてはならないのが、持続性のあるプロジェクトにするための仕組み作りです。一度きりの打ち上げ花火に終わらせず、サステナビリティを持たせるシステム作りも重要なテーマです。最後に伝えておきたいことは、十八人全員が口を揃えて「失敗しても良いから、最初の一歩を踏み出そう」と言われていました。

佐藤　そう、小さな失敗を繰り返しても、最後に大きな成功に到達すれば良いのだから。

福島　そのあたりも踏まえて、失敗や挫折を繰り返しながらも、大きな喜び、幸福感をつかんだ十八人の物語から何かヒントを得て、アクションを開始してほしいと思います。

Hitomi Sago

Kazumasa Nagai

Shin Matsunaga

01 nepia 千のトイレプロジェクト　並河進

途上国と企業をつなぎ、東ティモールの衛生問題をトイレットペーパーで解決する。

世界では不衛生な環境によって下痢を患い、脱水症状などが原因で毎年およそ八〇万人もの子どもの命が失われている。その主な原因として衛生的なトイレがないことや、衛生に対する教育が不足していることがあげられる。「nepia 千のトイレプロジェクト」は、そうした問題を解決するためのプロジェクトだ。その企業でなければできない社会貢献を、クリエイティブの力で実現させた好例である。プロジェクトのきっかけは、王子ネピアの担当者である今敏之さんのこんな思いから始まった。「自分たちは、お尻を拭いて捨てられていく商品を作っているけれど、便所紙にもきっと社会に役立つことがあるはずだ」。並河さんは、そうした思いを何とか具体的な活動にするお手伝いをしたいと考えた。プロジェクトのスタートは日本の小学校へ行って、うんちは健康にとって、とても大切なものだと伝えるためのワークショップ「うんち教室」を日本トイレ研究所とともに始めることからだった。並河さんはプロのコピーライターとして、かねてから社会的な問題の解決と企業のマーケティングを両立させる活動を行いたいと考えていた。そうした思いが、王子ネピアの対象商品を買うと、東ティモールの子どもたちの健康を守るトイレづくりの寄付になる「nepia 千のトイレプロジェクト」につながった。

実際にプロジェクトが始まってみると、企業イメージの向上に貢献。また、初年度は、原燃料の高騰と重なり、商品の販売価格を引き上げる中、競合他社に比べ、売上の落ち込みを抑えることができた。もちろん現地でのトイレ作りも、ユニセフと協力して実現させることができた。まさに三方良しの結果を出すことができ、「nepia 千のトイレプロジェクト」は、社会貢献プロジェクトをビジネスとして成立させることができたモデルケースになった。このプロジェクトは、継続的なプ

並河進　Susumu Namikawa
一九七三年生まれ。電通ソーシャル・デザイン・エンジン所属コピーライター。ユニセフ「世界手洗いの日」プロジェクト、ユニセフ祈りのツリープロジェクトなど、ソーシャル・プロジェクトを数多く手掛ける。DENTSU GAL LABO 代表。ワールドシフト・ネットワーク・ジャパン・クリエーティブディレクター。宮城大学、上智大大学院、東京工芸大学非常勤講師。受賞歴に、ACCシルバー、TCC新人賞、読売広告大賞など。著書に『下駄箱のラブレター』（ポプラ社）、『しろくまくんどうして？』（朝日新聞出版社）、『ハッピーバースデイ3・11』（飛鳥新社）他。

4	1
5	2
6	3

〔1〕プロジェクト対象商品〔2・3・4・5・6〕東ティモールに完成した千のトイレ

ロジェクトとして王子ネピアの社会貢献の顔になりつつある。王子ネピアのプロジェクトチームと共に、並河さん自身も毎年のように東ティモールを訪問し、プロジェクトの進捗を確かめている。

また、一〇月十五日の「世界手洗いの日」に合わせ、ユニセフ「世界手洗いの日プロジェクト」を、日本ユニセフ協会と共に立ち上げた。開発途上国では、衛生に対する習慣を身につけることが命に直結するので、この日に合わせて石けんを使った正しい手洗いの啓発活動が行われている。途上国では、手洗いで病気を予防できるということが十分に知られていないので、伝え方には工夫が必要だ。プロジェクトを立ち上げた二〇〇九年には、新型インフルエンザが日本でも猛威を奮っており、日本でも手洗い啓発活動を行う必要があった。日本の子どもたちにとっても、手洗いは命を守るために必要不可欠なものだった。並河さんは、日本の子どもも、世界の子どもも、言葉や文化を越えて正しく手洗いをする習慣を身につけてほしいと考えた。子どもたちは音楽やダンスが大好きだ。自分も小さい子どもがいるので、そのことに気がついた。そこで、ダンサーの森山開次さんと一緒に「世界手洗いダンス」を生み出した。歌詞は並河さんが考えて、自分で歌い、ダンスを踊る子どもに自分の娘を強引に出演させた。ユニセフの現地事務所に協力してもらい、世界の子どもたちにも手洗いダンスを踊ってもらった。楽しい歌とダンスがあれば、衛生への意識が低い国の子どもも、日本の子どもも、楽しく手洗いが身につくようになる。これもクリエイティブの力で問題を解決に導く、並河さんらしい素晴らしいアイデアだ。これからの時代は辛気くさいやり方ではなく、世の中のためになることを抜きにしても参加したくなるような、ハッピーで素敵なクリエイティブが必要だと並河さんは考える。ポジティブなコミュニケーションや参加して楽しいプロジェクトの仕組みこそが、こうした社会貢献プロジェクトを社会に広げ、根付かせるために必要だと確信している。

今でこそ、数々の素晴らしいソーシャルプロジェクトを実現させ、ＮＨＫ紅白歌合戦をはじめ、さまざまなコミュニケーションを手がける仕事をしているが、並河さんにも不遇の時代があった。大学の工学部で船のフィンの制御システムを研究していた並河さんは、突然コミュニケーションに興味を持ち、広告代理店に入社した。営業の仕事をするものだと思っていたら、クリエイティブへ

〔右〕世界手洗いの日新聞広告〔左〕ワークショップ・手洗いダンス教室

配属されコピーライターになってしまった。広告の勉強などほとんどしていなかったし、ましてやコピーライターになるなんて夢にも思っていなかったので、最初はまったくうまくいかなかった。当然のように売れっ子ではなかったから仕事が暇なので、夜な夜な自主企画を考えては先輩に見せていた。バブルが弾けて、売り上げが激減した六本木の商店街を元気にするアイデアを考えて、商店街へ自主的にプレゼンしたがまったく反応がなかった。ボランティアとアイドルを組み合わせた「ボラドル」を考えた。アイドルに実際に街でゴミを拾ったり、商店街に行ってとろろ芋を売った後に歌ったりしてもらった。もちろん、ぱっとしなかった。ボラドルの子に、「ボランティアって、仕事でやらされるものじゃなくて、自主的にやるものですよね」とポツリと言われた。しばらくしてボラドルは世の中から消えた。今思い出すと、そのころから何かちょっとでもコミュニケーションで世の中のためになればいいなぁと考えていた。まだ「ソーシャル」といった言葉も社会で使われる前だった。会社からは「並河はちょっと変わった奴だ」と思われていたようだ。

社会問題＋マーケティング

並河さんの目指しているゴールは明快で、社会問題にマーケティングの考え方を取り込むことにより、解決に導きたいということだ。マーケティングの世界的権威として知られているフィリップ・コトラーの『ソーシャル・マーケティング』（丸善刊）という著書がある。市場セグメントや競争原理の導入など、クラシカルなマーケティングの手法を貧困問題に適用することにより解決に導く本だ。このような理論を実際の社会で実現させるためには、マーケティングとクリエイティブの両方を理解して、アイデアに落とし込める能力が必要だと感じている。こうした考えを推し進めていけば、社会問題を解決する方法の一つとして、途上国で企業やＮＰＯを巻き込んだビジネスも始められると思っている。だからといって並河さんは難しい理論を振りかざすのではなく、なるべくわかりやすく楽しいプロジェクトにするため、クリエイティブの力を有効に使うようにしている。社会貢献プロジェクトは、一人の力では実現させることはできない。たくさんの人をもっともっと巻

次ページ〔1〕佐藤春晴くん 午後四時十七分出生〔2〕川口陽生くん 午後三時十三分出生〔3〕西村輝道くん 午後一時十三分出生〔4〕橋本栞ちゃん 午後三時二十六分出生

2	1
4	3

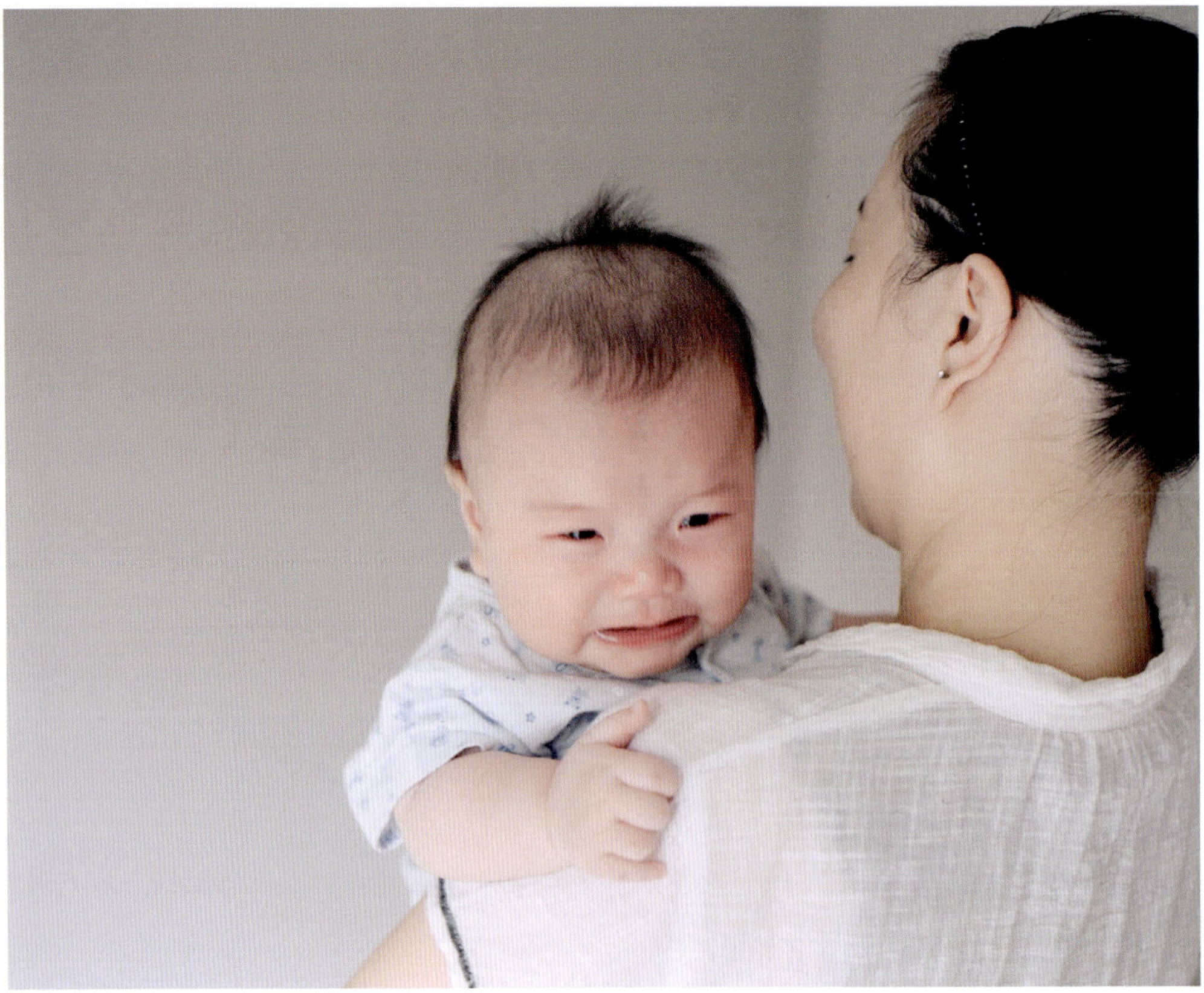

©Kisei Kobayashi

き込みたい。「こうしたプロジェクトは、実際に参加してみると楽しいんですよ！できるだけ多くの人にこの素晴らしさを味わってもらいたいから、ゴールに向かってできる限り仲間を増やしながら、楽しくやっていきたい」と並河さんは語る。

ハッピーバースデイ３・11

並河さんは、東日本大震災の支援プロジェクトも数多く立ち上げている。震災の起こった年は、ほとんどの時間を被災地で過ごした。巻頭対談で紹介した、「ユニセフ 祈りのツリープロジェクト」の世話人の一人でもある。その他にも、被災地の子どもたちに本を届ける、「ユニセフちっちゃな図書館プロジェクト」や被災地の情報を発信する、「助けあいジャパン情報レンジャー」なども行っている。その中にさまざまなメディアに取り上げられて話題になった「ハッピーバースデイ３・11」がある。「nepia 千のトイレプロジェクト」にも協力してもらっている写真家の小林紀晴さんや何人かの友人と組んで行ったプロジェクトである。津波によってたくさんの方が亡くなり、すべてが失われたかのように見えたその日、その場所で、それでも素晴らしい命が生まれていた。

並河さんは、震災直後にボランティア活動のために宮城県に入った。そこで見たのは、言葉を失う津波の傷跡と、余震と停電が続く避難所の暗闇の中、無表情で体を寄せ合う子どもたちの姿だった。瓦礫が延々と続く被災地で、半ば途方に暮れながらボランティアを続けているときに、三月十一日に生まれた赤ちゃんがいるという話を偶然耳にした。南三陸町の仮設病院の先生が、自宅の三軒隣の家でその日に子どもが生まれていると教えてくれた。並河さんは「その子に会いたい」となぜか強く思った。その家を訪れてみると、その子は仙台に避難していて会うことはかなわなかったが、居間には一枚の真新しい紙が堂々と貼られていた。「二〇一一年三月十一日 命名春晴」。その文字を見た瞬間、並河さんは目が覚めるような気持ちになったという。その頃、テレビや新聞は三月十一日に亡くなった方の数を繰り返していた。でも、その日失われたものだけではなかった。三月十一日にもう一つの物語がたくさん生まれていたのだ。

〔並河進からのメッセージ〕
北風と太陽の話を例にすると、ネガティブアプローチはインパクトがあり、北風のように一瞬コートを脱がせることはできるが、持続させることが難しいと思う。太陽のようなコミュニケーションなら、みんな笑顔でコートを脱いでくれる。そんなプロジェクトを心がけている。それから、プロジェクトを立ちあげるときに、みんなが集まる広場になるような仕組みも考えるようにしている。良い広場は、そこにいることが楽しいし、友だちを誘いたくなる。さらに新しい出会いも生まれ、そこでの会話からたくさんの気づきも生まれる。ミッションを達成するだけではなく、広場を通じて笑顔が社会全体に広がっていくことが、これからの社会貢献活動には大切だと思う。

並河さんとスタッフは、情報がなかなか手に入らない中、ありとあらゆる方法で三月十一日に生まれた希望を探して歩いた。ほんのわずかな情報を頼りにしながらさまざまな場所を訪ね回って、何とか子どもたちに巡り会うことができた。駐車場のクルマの中を分娩室にして出産した方もいた。とっさに助産師さんが身体を覆い被せて、地震による落下物から妊婦を守ってくれた。生まれた時間を書くものがないため、その場にいた全員で出生時間を覚えることにしたということもあった。取材をお願いした家族の中には、「多くの人が亡くなった日に、私の家だけ生まれて、複雑な気持ちだった」とおっしゃる方もいた。だからこそ並河さんは、何も知らずに生まれてきてくれたこの子たちを祝福してあげたかった。未曾有の困難に直面した日本で、来年、再来年、その先もこの子たちに、ハッピーなバースデイを贈るためにはどうすれば良いのか、みんなで一緒に考えたいと思った。日本中の人にそのことを知ってもらいたいと思い、小林さんの写真と並河さんの文章を使っての写真展や出版を行った。アーティストのＹａｅさんの音楽協力や日本ユニセフ協会の協力により、素晴らしい映像にすることもできた。探し出した十一人の物語をきっかけに、日本人の未来を考えてほしいと願った。何より「ハッピーバースデイ、おめでとう」と言ってあげたかった。

「原発問題も明確な解決策が見えない現在、東日本大震災はこれからも日本に重くのしかかるでしょう。すべてのことをネガティブに捉えるのではなく、未来に向かって楽しく問題を解決していきたい」。企業と非営利団体をつなぐソーシャルプロジェクトを次々と手がけて来た並河さんは、「クリエイターとして何ができるかを考え、実現していくことにこそ意義がある」と言う。「優れたコミュニケーションは、社会の課題を解決する支援プログラムになる」と考える。何より「社会に笑顔を一つでも多く生み出したい」と願う。並河さんの行くところには、いつも笑顔があふれている。

02 MERRY PROJECT 水谷孝次

子どもたちの笑顔には、世界を変えるパワーがある。

二〇〇八年の北京オリンピック開会式。そのフィナーレに世界中の子どもたちの笑顔の花が咲いた。スタジアムを取り囲む大型スクリーンに子どもたちの笑顔が映し出され、同時に、二〇〇八本の笑顔の傘が次々に開いた。一本一本の傘に、水谷さんが世界中で出会い、会話し、撮影した子どもたちの笑顔が浮かび上がり、広い広い会場を埋めつくした。それを見ていた人はまるで、世界が笑顔で満たされているような気持ちになった。オリンピックを通して水谷さんのMERRYは、笑顔の持つ素晴らしいメッセージを世界中に発信した。「MERRY PROJECT」を始めて一〇年がたとうとしていた。この子どもたちの笑顔こそが未来への希望だ。真のデザインは人々に希望と勇気を与え、平和のために存在する。「デザインで人を幸せにする」という水谷さんの夢が現実となった瞬間だった。

バブル経済への疑問

水谷さんは、三〇代後半には日本を代表する売れっ子アートディレクターとして活躍していた。ある飛行機会社の世界戦略キャンペーンのために、フランク・シナトラをハリウッドで撮影することになった。彼のギャラはなんと二億円以上、撮影費も一億円。撮影前夜、シナトラのためにわざわざ歓迎パーティーが開かれた。そのパーティーだけでも一〇〇〇万円もの費用がかかっていた。いよいよ撮影当日、シナトラはスタジオの中に車ごと入ってきた。メイクが終わって出てきた彼の着ているブルゾンには、背中にこんなメッセージが書いてあった。I wanna go home soon. ― 要するに、「こんな仕事は早く終えて、家に帰りたい」というわけだ。結局、シナトラは到着してわず

水谷孝次　Koji Mizutani

一九五一年名古屋市生まれ。一九七七年日本デザインセンター入社、一九八三年水谷事務所設立。東京ADC賞、N・Y・ADC国際展・金賞・銀賞、ワルシャワ国際ポスタービエンナーレ展金賞・特別賞、ブルーノ国際グラフィックデザインビエンナーレ銅賞・特別賞など数々の賞を受賞。一九九九年より「MERRY PROJECT」を開始。二〇〇五年には愛知万博にて「MERRY EXPO」を展開。二〇〇八年北京オリンピック開会式に世界中の子どもたちの笑顔が傘にプリントされて世界中へ披露された。二〇一〇年上海万博に招聘。東日本大震災の復興支援プロジェクトとして「MERRY SMILE ACTION」を立ち上げ、被災地を継続的に支援。これらの活動に対して第五〇・五十二・五十四回グッドデザイン賞、第十四回桑沢デザインオブザイヤー賞、第一回エコ・アート大賞エコ・コミュニケーション賞、第一回・第五回キッズデザイン賞など受賞。

〔左ページ〕北京オリンピック開会式

か四十五分間しかスタジオにはいなかった。数億円が、何カ月もの苦労が、わずか四十五分で泡のように消えてしまった。全身の力が抜けて、椅子に崩れ落ちそうな虚しさが襲ってきた。そのとき、水谷さんは心の中で何かが壊れていくような音を聞いた。

笑顔の時代の始まり

水谷さんが、ある日書類を整理していたら、引き出しの中から写真の束が出てきた。以前、アメリカを旅行していたとき、バスの中で偶然出会った少女たちの笑顔を撮ったものだった。その写真を見たときに、心に光が射し込み、新鮮な空気が吹き込んできた。もしかすると、この笑顔の中に新しい時代のデザインがあるかも知れないと感じた。それがMERRYとの出会いだった。水谷さんはもっと多くの人にMERRYを見てほしいと思い、ラフォーレ原宿のキュレーターの武村さんを訪ねたところ、じっと写真を見た後に「これからは、笑顔の時代ですね」と言ってもらった。この一言から世界に笑顔を発信するプロジェクトが始まった。

ラフォーレでのMERRYを見た神戸市より、阪神・淡路大震災から七年目の神戸で水谷さんにMERRYを行ってほしいという依頼があった。震災後たくさんの人にお世話になったことに感謝するためのイベントだった。神戸の人たちの笑顔を撮影して、MERRYなメッセージを集めた。ラフォーレでの展覧会は若い女の子が中心だったが、今回は女の子だけではなく、老若男女すべての人が対象だった。生後八カ月から九十七歳までの人たちの笑顔を撮りながら、一人一人と対話して、写真を撮りメッセージを書いてもらった。震災で何千人もの人が亡くなった駅前の再開発現場を囲っている壁が、すべて巨大なMERRYの笑顔とメッセージで埋め尽くされた。「街を明るくしてくれて、ありがとう」「ここを通るたびに、亡くなった友人のことを思い出して涙が出てたけど、この笑顔をみると前を向いて頑張らなきゃって思うよ」。地元の人たちにそんなふうに言ってもらえた。それまで広告でモノが売れても、これほど喜びの深い仕事はなかった。水谷さんがかつて味わったことのない充実感が、そこにはあった。

［水谷孝次からのメッセージ］

どんなことでも何か伝えたいことがあったら、まずコンセプトとストーリーを考える。建築だろうが、ファッションだろうが、ソーシャルプロジェクトだろうが、物語性がなければ人の心を惹き付けることはできない。コンセプトをしっかり持つためには、自分自身とじっくり対話をすることが大切。自分の心の奥底にある声に耳を傾けること。それを理解できていないと、プロジェクトを継続させられなくなる。次に大切なのは、技術やテクニックではなく「人間力」である。とにかく気持ちが重要だ。自分の魂を込めてアクションを行ったときに、人の心の琴線に触れることができる。集中力と緊張感を持って、気迫と気持ちを込めて物事にあたること。最後には、それがすべてを動かしていく。

世界の“MERRY”へ

「MERRY IN KOBE」の二日前にニューヨークのテロが起こった。「9・11」の一年後、水谷さんはニューヨークにいた。これまでのMERRYは企業や自治体から依頼されてのMERRYだったけれど、ニューヨークでは自分の意志で行うことを決めた。渡航費をはじめ、現地でのコーディネイトなどすべての費用が自己負担になる。それでも「やらねばならない」という使命感が彼を突き動かしていた。ニューヨークでも運命的な出会いがあった。学校の前に座り込んで、ブルーベリーを食べている女の子がいた。名前はリズ。水谷さんは『MERRY PROJECT』というのをやっているので、あなたの笑顔を撮影させてほしい」と声をかけ、コンセプトを説明した。「それは私たちアメリカ市民がやるべきことなのに、遠い日本から来たあなたがやってくれるなんて最高よ！私は今日、一年前のことを思い出してとても気分が悪かったけれど、あなたのおかげでハッピーな気分になれたわ！」リズはそう言って、とびっきりの笑顔を見せて、踊ってくれた。次の日、リズは友だちも連れて来てくれて、ニューヨークの撮影は順調に進み始めた。「今のニューヨークには、ポジティブな笑顔とメッセージが必要なんだ」と水谷さんは確信した。六本木ヒルズで「MERRY IN NEW YORK」を開催した。東京とニューヨークを通信回線でつなぎ、リアルタイムでトークセッションを行った。ライブ中継でリズとその友人たちが、東京の人々とMERRYについて語り合った。笑顔のコミュニケーションを平和につなげようというコンセプトで、渋谷の八つの大型ビジョンをジャックしてその様子を流した。MERRYはこの頃から笑顔の発信だけではなく、人と人をつないだり、平和のメッセージを世界中へ発信するプロジェクトへと成長していった。

笑顔が世界を変える

MERRYはさまざまなプロジェクトへと広がっている。撮影でお世話になった場所を、現地の人とコミュニケーションしながらきれいにしていく「MERRY EXPO CLEAN UP PROJECT」では、水谷さんは訪れた二十一カ国のすべてでゴミ拾いを実施した。ゴミを拾うことよりも拾っている姿

パパだいすき
いっつもえがおでいると、
いいことがいっぱいくるよ

を見てもらうことで、「ゴミを捨てないＭＥＲＲＹな空気」をつくるのが目的だった。地球環境を足元から見直すことで、自分たちができることから世界を変えていこうというメッセージも伝えたかった。子どもたちと一緒に木を植えていき、一〇〇年後の子どもたちに森をプレゼントする「ＭＥＲＲＹ子どもの森づくり」は時間のかかるプロジェクトだが、子どもたちの成長とともに、苗木が木に育つことを見守る過程で、自分の夢や家族の幸せ、地球の未来についても考えてもらえると思った。命を育てる楽しみ、土に触れる楽しみ、収穫して食べる楽しみ、自然に対する感謝の気持ちを育てる「MERRY FARMING PROJECT」など、ＭＥＲＲＹにとって自然や環境も大切なテーマになっている。二〇一一年には伊藤園の「お～いお茶　玄米茶」のリニューアル発売を記念して、ペットボトルに野菜の種をつけてプレゼントするキャンペーンも行った。ペットボトルのキャップに土を詰めて、種をまき、命が芽生える瞬間の感動を体験し、その命をいただく大切さをたくさんの人に感じてほしかった。企業とパートナーシップを組むメリットは、大きなスケールで社会にメッセージを伝えることができることだ。水谷さんにとって、企業とパートナーシップを組んで大切なメッセージを社会に伝えることは、これからますます重要な活動スタイルの一つとなるだろう。

被災地に笑顔の花を

インドネシア・スマトラ島沖の津波、四川大地震などのさまざまな被災地にも、水谷さんは精力的に出かけている。日本赤十字社を通じて、復興支援のための募金活動にも協力した。募金を届けるだけではなく、その場所に行って、被災地で強く生きる子どもたちの笑顔を撮影して、世界中の人々にありがとうのメッセージを伝えて行く活動も積極的に行った。ＭＥＲＲＹは笑顔のコミュニケーションである。一方通行で終わる支援ではなく、それに関わるすべての人が笑顔になり、地域や社会にとって本当に大切なことに気づいていくプロジェクトだと思っている。水谷さんは東日本大震災の被災地でも、たくさんの笑顔の花を咲かせている。阪神・淡路大震災のときには無我夢中で動いたが、どんな支援が必要とされているのか、自分自身十分に理解できていなかった。それか

1	2	3	4
5	6	7	8

〔1〕MERRY IN KOBE〔2〕MERRY UMBRELLA PROJECT IN 広島〔3・4〕MERRY FARMING PROJECT〔5・6〕MERRY UMBRELLA PROJECT IN SUMATRA〔7〕MERRY IN NEW YORK 2011〔8〕MERRY IN LONDON

ら一〇年以上にわたり、世界中の被災地を訪れ、たくさんの人と出会い、コミュニケーションして「MERRY PROJECT」を行ったことで、被災地支援で必要とされていることが明確になった。人が逆境にさらされたとき、そこから立ち上がる強さを見てきた。人と人との結びつきの大切さを知った。ピンチになればなるほど、人は頑張ることができる。そのためには、前に進み始めるきっかけが必要だと思った。被災地での「MERRY PROJECT」は、そうしたきっかけをつくるために行っている。

東日本大震災で大きな被害を受けた福島県いわき市に、水谷さんは幾度となく通い続けた。幼稚園の卒園式で笑顔の傘を開いた。それまで暗く沈んだ表情だった出席者に、明るい笑顔が戻った。「卒園式は、子どもたちの新たな出発をお祝いする日だったことを思い出させてもらった」「笑顔を頑張ってつくっていたら、知らないうちに明るい気持ちになっていた」。卒園式に出席していた父兄からこんな言葉をもらった。放射能の危険性から外出しなくなり、すっかり元気をなくした街で七夕祭りを行った。お祭りに来た人をポラロイドカメラで撮ってあげて、ＭＥＲＲＹ特製のハート型アルバムに貼ってプレゼントした。震災でたくさんのものを失ってしまったけれど、また今日から新しい思い出や笑顔でアルバムをいっぱいにしてほしかった。さらに、クリスマスには全国から寄せられた応援メッセージを飾り付けたクリスマスツリーを、九〇本も街にプレゼントした。地元の人や全国のＮＰＯ、ボランティアに呼びかけて、五〇〇本の巨大な笑顔のクリスマスツリーを皆でつくった。七〇メートルの大きさの人間の「ＭＥＲＲＹクリスマスツリー」がいわき中央公園に登場した。そこでは、数え切れないほどのＭＥＲＲＹな笑顔とＭＥＲＲＹな出会いが生まれた。負の遺産をかかえる街をＭＥＲＲＹな空気に変えたいという強い思いが、彼を突き動かした。

水谷さんは時代が求めるものを探しているうちに、ある日「デザインはクオリティではなくコミュニケーションだ」と気づいた。そして、「ＭＥＲＲＹな笑顔のコミュニケーション」にたどり着いた。良いデザインというのは、賞をとることやお金になるデザインじゃない。それは、二〇世紀型の考え方だ。もうそろそろ、変わらなければいけない時代が来たのだ。欲のためとか、名誉のためとかではなく、人のため、社会のため、地球のためにデザインをする時代が来ている。南アフリカの子どもの笑顔が、誰かの生きる力になるかも知れない。タイの少数民族の子どもの笑顔が、紛争を止める力になるかもしれない。

世界中の悲しみがあふれている場所で笑顔の傘を開くのは、無理をしてでも笑うと知らないうちに明るい気持ちが沸き上がってくるからだ。笑うと不思議なことに幸せな気持ちになってきて、その空気が明るくなる瞬間をたくさん見てきた。デザインが奇跡を起こす。奇跡とは、偶然の出会いや神がかり的な成功だけではない。デザインを通じて、地球に生きる一人一人の幸せに貢献できるということ、それを強く信じ続ければ必ず奇跡は起こると、人懐っこい笑顔を浮かべて水谷さんは語ってくれた。

1 | 2 | 3 | 4

〔1〕MERRY SMILE ACTION IN ROPPONGI〔2〕MERRY SMILE ACTION IN いわき〔3〕MERRY SMILE ACTION IN 陸前高田〔4〕MERRY SMILE X' MAS IN いわき

03 greenz.jp　鈴木菜央

ソーシャルメディアを通じて社会をデザインし、新しい形のコミュニティを生み出す。

二〇一二年には月間の読者が十五万人になったウェブマガジンを運営するＮＰＯ法人「グリーンズ」の代表理事であり、「greenz.jp」の発行人が鈴木菜央さんだ。「グリーンズ」は、あなたの暮らしと世界を変えるグッドアイデア厳選ウェブマガジン「greenz.jp」を中心に、さまざまな情報発信や出会いの場を生み出している。社会問題を他人事ではなく、自分たちが自ら主役となり、アイデアをカタチにして解決していくためのコミュニティづくりを行っている。鈴木さんの究極のゴールは、クリエイティブで持続可能なワクワクする社会をつくるムーヴメントを起こすことだ。

「greenz.jp」は、サプライズがあり環境や社会問題を一気に解決するようなグッドアイデアやニュースを日々伝えるウェブマガジンだ。「green drinks Tokyo」は、アイデアとアイデアをつなげ人と人とが出会う場所として二〇〇七年からスタートし、毎月一回グリーン志向な人たちを結びつけるエコ飲みイベントを実施している。ＮＰＯやＮＧＯのリーダーから、企業のＣＳＲ担当者や各分野のクリエイターたちのアイデアとアイデアをつなげ、人と人との出会いの場を創出している。

「green school Tokyo」は、アイデアをカタチにする実験の場所だ。市民の一人一人の思いを共有して、問題意識を形にしている。リアルとバーチャルの垣根を超えて、化学反応を起こす場である。

「グリーンズ」は、ソーシャルメディアでの情報発信から、人と人の出会いの場づくりまで幅広い活動を展開している。現在のコアメンバーは鈴木菜央、兼松佳宏、小野裕之の三人である。

「グリーンズ」誕生前夜

「グリーンズ」は、今でこそクリエイティブな視点から持続可能な未来を考えるためのアイデア

鈴木菜央　Nao Suzuki

greenz.jp 発行人／ＮＰＯ法人グリーンズ代表理事 一九七六年バンコク生まれ東京育ち。二〇〇二年より三年間「月刊ソトコト」の編集に携わる。独立後二〇〇六年「あなたの暮らしと世界を変えるグッドアイデア」をテーマにしたWeb マガジン「greenz.jp」創刊。二〇〇七年よりグッドアイデアな人々が集まるイベント「green drinks Tokyo」を主催。メディアとコミュニティを通して持続可能でわくわくする社会に変えていくことが目標。http://greenz.jp

クリエイティブで持続可能な世界に変えるグッドアイデアを毎日伝える Web マガジン
greenzについて VISION 2020 ENGLISH
greenz.jp
UP! #greenzjp : どうする？この世界を。「Earth Day Tokyo 2010 WorldShift Forum 〜持続可能で平和な未来へ〜」をレポート！ http://bit.ly/9qxIVJ
Follow us! MailMag RSS
グリーンビジネス サステナブルコミュニティ 地球ニュース カルチャークリエイティブ
option search
世界を変えるデザイン展
imagine another life through the products
東京ミッドタウン・デザインハブ 5.15.sat→6.13.sun
アクシスギャラリー 5.28.fri→6.13.sun
CULTURAL CREATIVE
どうする？この世界を。「Earth Day Tokyo 2010 WorldShift Forum 〜持続可能で平和な未来へ〜」をレポート！
10 tweets retweet
2010/05/11
"WorldShift"を知っていますか？
"WorldShift"とは、自分にとって本当に大切なものは何かということをもう一度見つめ直して自分自身に変化を起こそうというメッセージ。
いつもどこかで戦争や紛争が起こっていたり、金融不安に悩まされたり、気候の変動に落ち着かない気分にさせられたり…。きっとほとんどの人は、こんな問題ばかりの世の中に、"いまのままじゃ、いけない"と感じているのではないでしょうか。
だったら、生き方や考え方の軸をちょっぴりシフト。オバマ大統領が言うチェンジだと"変えよう！"という決意が強すぎるような気がするから、それよりはいくぶん肩の力が抜けた取り組み。WorldShiftは、そんな意味が込められたメッセージなのです。
more
Earth Day WorldShift アースデイ
EARTH NEWS
R水素バスからトランジションタウンまで一挙紹介！「アースデイ東京2010」総まとめレポート
14 tweets retweet
2010/05/11
東京・代々木公園が地球と平和の祭典と化した「アースデイ東京2010」。
今年はエリアも拡大し、2日間の総来場者数は13万5千人を数えるという、名実共に過去最大規模の祭典となりました。
greenz.jpは、グリーントークステージ横に「アースデイ東京速報ステーション」を設置。15名のボランティアライターさんたちと一緒に、当日のリアルタイム
Earth Day Tokyo 2010
Celebrating Earth Day's 40th Anniversary
おいしいオーガニック革命中！
ミツバチの羽音と地球の回転
東京仕事百貨 × greenz.jp
"グリーンな転職"なら、ここをチェック!!!
greenz VOTE more
INFORMATION more
今年もやります！アースデイ東京2010速報ステーション
アースデイ東京2010グリーントークステージ出演者決定！
アースデイ東京2010 ボランティアスタッフ募集中！
Ads by AMN
MAIL MAGAZINE
最新情報、記事ランキングなどをお届けします！ぜひご購読ください！
greenz.jp green drinks greenz village

あなたの暮らしと世界を変えるグッドアイデア厳選マガジン
初めての方へ／アイデア投稿 広告掲載について
greenz.jp
Follow us! MailMag RSS
グリーンビジネス サステナブルコミュニティ 地球ニュース カルチャークリエイティブ
option search
LIGHT UP NIPPON
日本を照らした奇跡の花火
東北を、日本を、花火で、元気に。奇跡のドキュメンタリー、この夏、あなたの街へ。
SUSTAINABLE COMMUNITY
全国に地縁コミュニティをつくるための第一歩は復興トラベル「Fukushima Community Crossing」から始まる［コミュニティデザインの現場から］
JUNYAmori 2012/09/05
今年の3月に初めて開催された、コミュニティの自治を考えるイベント「Tokyo Community Crossing（以下、TCC）」。全国で防災についてのアクションが数多く行われている今、Community Crossingのその後と、新しい動きをお伝えします。
more
ツイート 22 いいね！ 10
Community Crossing Japan Fukushima Community Crossing Tokyo Community Crossing
コミュニティデザインの現場から 復興 東北
CULTURAL CREATIVE
ヒッチハイクがきっかけで結婚も！Facebookでつながる合法ヒッチハイクサービス「zimride」
intern 2012/09/05
以前、乗せてもらいたい乗客と乗せたい運転手をつなぐ合法ヒッチハイクサービス「allostop」を紹介しました。ヒッチハイクは、交通費の節約はもちろん、環境にもやさしく、ひとりぼっちのドライブがもっと楽しくなる、といいことずくめな移動手段。50年も前にフランスから始まり、今やヨーロッパ全土に広がっています。
そんな素敵な合法ヒッチハイクサービスがいよいよアメリカにも上陸しました！元々アメリカは、ヒッチハイクを装った強盗殺人犯罪が多発したことで、ほぼ全ての州でヒッチハイクが禁止となっている国。そのため国内導入は難しいとされていましたが、"高速を走る車の約80%が空席"はもったいない！と、創設者のJohn Zimmer（以下、ジョーンさん）は諦めませんでした。
そんな"アメリカでの"危険な"ヒッチハイクのイメージを取っ払い、もっと安心で"楽しい"ヒッチハイクを広めていこうと立ち上がった「zimride」をご紹介します！
more
ツイート 34 いいね！ 21
Facebook アメリカ ヒッチハイク 旅
島好きなgreenz読者の皆さんへ 離島タブロイド紙『季刊リトケイ』サンプルおすそわけ中！ 詳しくはコチラ
green drinks Tokyo !!! 9月13日
『マイプロCAMP』
グリーンズ読者と一緒にグッドアイデアを考えよう！
Energy Shift, Future なう！
自然エネルギーと水による持続可能なエネルギーのかたち。それがR水素。
R水素ネットワーク

や出会いの場として欠くことのできない存在になっているが、たくさんの読者を集めるまでにはさまざまな苦労があった。それを理解するためには、代表の鈴木さんの子どもの頃を知る必要がある。鈴木さんは六歳まで、タイのバンコクで生活を送っていた。まったく違う文化圏から日本での生活を送ることになった鈴木さんは、喘息の持病を持っていた。喘息で苦しんでいるときに、途上国で同じように苦しんでいる子どもたちをテレビで見て「僕たちはどうしてこんなに辛い思いをしなければならないのだろう」と一人で考えていた。学校でも型にはめられる日本の教育が嫌で、音楽と図工だけが自由と楽しみを与えてくれた。自然の成り行きで美術大学の受験勉強を始めたが、予備校でも落ちこぼれてしまった。これまでの自分の人生を振り返ってみると、ずっと社会の端っこに追いやられていたような気がする。鈴木さん自身がいつもマイノリティだったので、社会の端っこにいる人たちの苦しみが痛いほど理解できた。何とか東京造形大学のデザイン学科には合格できたが、ほぼ同じ頃に阪神・淡路大震災が起こった。

　鈴木さんは何かに突き動かされるように、ボランティアとして震災直後の神戸に向かった。そこには本当にさまざまな人が日本中から集まっていた。目の前には、今すぐ解決しなければいけない問題が山のようにあった。被災地では年齢も職業も関係がなく、誰かが問題解決のためのグッドアイデアを出せば全員が一つになって力を合わせて働いた。これまで体験したことがない、クリエイティブでエキサイティングな場所だった。結局一月から五月まで神戸にいて、大学の授業のために渋々東京へ戻ってきた。大学生活でもさまざまなＮＰＯの活動に積極的に参加していて、ほとんど大学生活の思い出がない。鈴木さんはここでもやや落ちこぼれな学生だった。卒業後、農村リーダー養成学校にもぐり込み、自給自足コミュニティでの農業体験にどっぷり浸かって一年を過ごした。自分の手で絞め殺した鶏がその日の夕食に出てくるなど、命を終えたものが次の命を育むために役立つという強烈な体験をした。これまで考えたこともない、生きることへの根源的な問いかけやすべての命のつながりである生態系の存在を肌で感じた。神戸のボランティアと農的生活の二つのリアルな体験を通して、自分に足りないものを、どれだけ人と補いながら生きていくかを心の深いと

〔右〕green drinks Tokyo

ころで理解ができた。そのことが、鈴木さんの人生観や「グリーンズ」のポリシーに大きく影響を与えた。コミュニケーションの話題になるとすぐにメディア論が出てくるが、もっと本質的に考えると人と人の問題なのである。人間は肉体を通じてでないと、情報を受け取ることも発信することもできない。リアリティを抜きにして、共感や感動は存在しないのだ。「グリーンズ」もソーシャルメディアが中心になっているが、結局は「green drinks」や「green school」など、人と人とが出会う場が大切なのだと鈴木さんは語る。

メディアを使った社会変革

鈴木さんは、デザインの概念を大切にしている。さまざまな体験を経て、自分がやるべきデザインを「メディアを通じて社会をデザインする」と決めた。雑誌「ソトコト」で働いた三年間の経験で、紙メディアでの発信の大変さとメディアとしての限界を感じた。その当時は、インターネットの環境もまだまだ発展途上だったし、ツイッターやフェイスブックも存在しなかった。しかし、新しいメディアとしての可能性をソーシャルメディアに強く感じた。二〇〇六年に兼松佳宏、松原広美と三人で「greenz.jp」を立ち上げた。その頃は生活費を稼ぐことも大変だったので、立ち上げたものの二年近くは、情報を更新することさえもできなかった。もちろん、社会からの反応もほとんどなかった。

このままでは駄目になるといった危機感を感じて、二〇〇八年になけなしのお金を投じてサイトを大幅にリニューアルした。さらに専任のスタッフを雇い、情報の更新を定期的に行うようにした。そうした努力のおかげもあり、口コミによって少しずつ読者が増えていった。成長のきっかけは、「ニュース」の提供を止めたことだという。最初の頃はエコなニュースを伝えるサイトだったが、どうも読者が広がらない。当時のメンバーで「今もっとも必要とされている情報は何だろう?」と一生懸命に考えた。みんなで出した答えは、「ニュースではなく、解決策を提示してくれるグッドアイデアを紹介すること」だった。ただし、ただ紹介するのではなく、記事を読んだ後にアクションにつながるような機会を提供したいと考えた。そこで、「グリーンズ」の記事の最後に「ネクスト・

〔左〕green school Tokyo

アクション」というスペースを作り、「次、これをやってみない？」と提案することにした。それから、素敵な未来をつくろうとしているあらゆる世代の人たちを応援することにした。食の分野でも、街づくりの分野でも、型にはまらない画期的なアイデアを実行している人々はたくさんいた。しかし、当時のメディアは、そうした人々をあまり取り上げてはいなかった。だからこそ、「greenz.jp」が彼らの一番の理解者となって、熱い志を代弁してあげようと思った。発信する情報をニュースから、アクションにつながるアイデアに変更し、社会起業家を応援するなど編集方針を改良すると、月間読者数が三万人まで増加した。ニュースには賞味期限があるが、グッドアイデアには賞味期限がない。この頃に現在の「グリーンズ」のキャッチフレーズである〝あなたの暮らしと世界を変えるグッドアイデア〟が生まれた。

世界を変えるグッドアイデア

編集方針を変えると、読者からの反応も一気に増えた。その中でも話題をさらったのが、「スターバックス」が行ったマイカップを使ってもらうためのアイデアを募るコンペティションだった。アメリカの「スターバックス」だけでも、年間五八〇億個の紙コップが廃棄されている。「スターバックス」ではマイカップ持参の人に、飲み物を二〇円割り引くサービスを行っていたが、利用者はそれほど多くなかった。このコンペで紙に代わる新たなエコ素材を使ったカップ、畳んで持ち歩きやすいカップなどさまざまなアイデアが寄せられたが、審査員賞に選ばれたのが「カルマ・カップ」だった。これが他のアイデアと一線を画していたのは、モノのリデザインではなく、行動のリデザインだったことだ。この「カルマ・カップ」のコンセプトは〝問題をわかち合い、報酬もわかち合おう〟というものだった。アイデアのキーワードは「シェア」。具体的には、マイカップを使う人をチェックして、その数が一〇人、二〇人というふうにキリの良い番号になった人は、飲み物が無料になるというサービスを行うアイデアだ。マイカップを使うことでポイントが貯まり、飲み物が無料になるというアイデアはすでにある。ポイントを貯める行為は個人的な誘因だが、「カルマ・カップ」はマイカッ

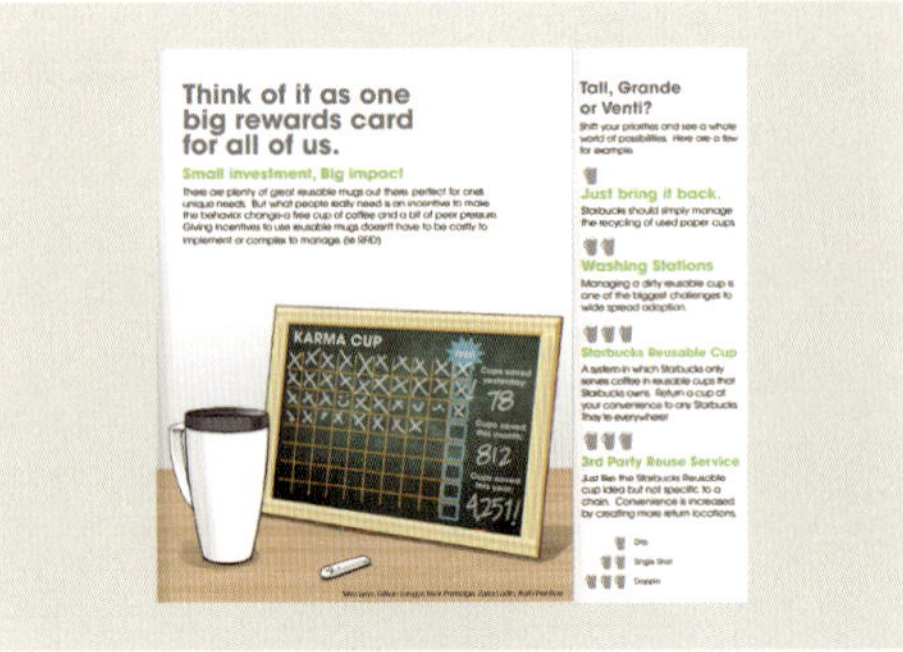

（右）スターバックス・マイカップコンペティション「カルマ・カップ」

プを使った人たちの積み重ねが、誰かのハッピーにつながっていく点に大きな違いがある。初めてその店に来た人でも、無料のタイミングに当たり、そこにいたマイカップ使用者にちょっぴり祝福してもらうサプライズも起こり、みんなが笑顔になれる。このアイデアを紹介するやいなや、七〇〇〇人もの読者からツイッターでの意見が集まった。

もう一つ話題になったのが、フランスのファッションデザイナーのジェレミー・エムセレムさんが考えた「ゴールデン・フック」プロジェクトだ。学生時代、自分がデザインしたニット帽が人気となり、人手が足りなくなったので、近所のおばあちゃんたちに手伝ってもらったことがあった。実際におばあちゃんたちに編んでもらうと、その技術の高さに驚いた。時間もたっぷりあるので、心のこもった商品をじっくり作ってくれた。おばあちゃんたちは無理のないスキルでお金を稼ぐことができ、買い手はおしゃれな手編み商品を手に入れることができる。「ゴールデン・フック」のウェブサイトには、おばあちゃんたちの写真が並んでいて、おばあちゃんを指名することもできる。自転車やアウトドアにはまっているニコルばあちゃん、全仏ニットチャンピオンのマリーばあちゃんなど個性豊かな顔ぶれが揃っている。ウェブサイトには「彼女たちは、ひとときあなたのおばあちゃんになります。おばあちゃんへの感謝のメッセージを忘れないでね」と書かれている。商品が売れれば売れるほど、おばあちゃんのもとには「ありがとう」のメッセージが世界中から届き、「私は誰かに必要とされているんだ」という生きがいを感じることができるプロジェクトだ。「ゴールデン・フック」も読者からの反応がすごかった。モノを含めたコトのデザインが、人々の会話を誘発した。グッドアイデアには、他人事を自分事として感じさせる力があることを証明してくれた顕著な事例だった。鈴木さんは、「世の中の問題を解決しながら、新しい価値を生み出す」ことを読者に提供しながら、自分でも新しい価値とは何かを常に模索している。

「グリーンズ」が生み出す価値

ほとんどの社会起業家は、ソーシャルプロジェクトでお金を生み出すことに苦労している。

〔左〕「ゴールデン・フック」プロジェクト

「greenz.jp」も、二〇一一年まではずっと赤字続きであった。二〇一二年に入って、やっと明かりが見えてきた。近年、さまざまな企業や行政からCSRを中心とした相談が入るようになったのだ。社会が「グリーンズ」の活動や提案している価値を認めてくれるようになったのだ。これまで蓄積してきた情報やアイデア、ワークショップのノウハウを提供しながらサステナビリティ・コンサルティングを行うようになった。企業や行政も社会貢献であれば何でも良いという時代から、社会が必要としていることや未来をより良くすることを真剣に考えるようになったからだ。「green drinks」はニューヨーク、パリ、北京をはじめ、アルゼンチンからジンバブエまで世界の八〇〇都市以上で開催されている。その土地ならではの「これからの〇〇」について、お酒を飲みながら話し合うイベントを実施している。もちろん日本でも開催されており、北海道から九州まで全国六〇カ所にじわじわ広がり、そこで知り合った各地のキーパーソンとの連携も始まっている。

近年、エコやソーシャルに関する情報を扱うサイトがいろいろと出現しているが、鈴木さんには情報の質に関してこれまで積み上げてきた自信と実績がある。また、十五万人の「グリーンズ」の読者には、いわゆるクリエイティブクラスと呼ばれる、さまざまな分野のクリエイティブに関わる人がたくさんいる。こうした創造性の豊かな人たちの意見や参加によって、「グリーンズ」がソーシャルメディアにおいて、ブランドとなり得ているところである。二〇一二年からは、書籍の出版も積極的に行い始めた。鈴木さんは、編集長を兼松さんにバトルタッチして、次のステップへと踏み出している。さらに、「グリーンズ」の周りに生態系の豊かな、新しいコミュニケーションの森を作りたいと考えている。その中で、さまざまな役割の人々がお互いに生かしあい、本質的な豊かさが森全体に広がっていくことを望んでいる。鈴木さんたちは、新しい形のコミュニティを目指している。「グリーンズ」は、これまでの企業と消費者の関係ではなく、企業と市民や行政と生活者をつなぐ場を提供している。世の中の課題を解決するために、革新的なアイデアや活動を市民と一緒になって探し、未来をもっと素敵にしていきたいと願っている。

〔鈴木菜央からのメッセージ〕
素晴らしい仲間と一緒に宝物を見つける冒険に出よう！僕は素晴らしい冒険をしていると思っている。冒険には仲間が必要だし、たくさんの人に応援をしてもらえる。それから、「どうして戦争はなくならないの？」「どうしてアフリカの子どもたちは食べる物がないの？」と、自分の中にある子どもの頃の素直な声に耳を傾けてほしい。大人になって、社会の騒音によって聞こえにくくなっているけれど、いつもあなたに話かけ続けているはず。僕もその声に耳を傾けることを大切にしている。

〔上〕「うさわ」の力で街を賑やかにする青森のアートイベント「八戸のうわさ」〔下〕スウェーデンのスピードを「守った」人に宝くじが当たる「スピード・カメラ・ロッタリー」

04 Think the Earth 上田壮一

一人一人が地球のことを考え、学び、行動するきっかけづくりを行う。

腕時計の中で、地球の自転を見ることができる地球時計。一秒間で世界はどのような劇的な変化をしているのかを編集した、『1秒の世界』。今の地球をリアルタイムで映し出す携帯アプリ。宇宙からの視点で、環境教育用の映像をプラネタリウムで上映する「いきものがたり」。環境学者から深海挺のパイロットまで、二日間で三〇名の地球人が登壇する「EARTHLING 2011 地球人大演説会」。まだまだ書き切れないほどのプロジェクトを一〇年以上にわたって行っているのが、「Think the Earth」を立ち上げた上田壮一さんだ。「Think the Earth」は持続可能な社会の実現に向けて、ビジネスやコミュニケーション、教育活動などを通して一人一人が地球のことを考え、学び、行動するきっかけづくりを行っている。

ソーシャルデザインとの出会い

子どもの頃から宇宙のことを想像するのが大好きな上田さんの就職先は、広告代理店の電通だった。クリエイティブを希望したが、配属はマーケティングの部署になってしまった。入社後、ソーシャルコミュニケーション研究会という耳なれない活動があることを知る。上田さんは広告を通じて、社会貢献を考える活動の新しい可能性に飛びついた。誰も経験をしたことのないテーマだったので、研究会はなかなか良い方向性を見い出せないでいた。そうした中で、まず自分たちの会社から社会貢献活動を始めようと意見が出た。決まったアイデアは、社内で使わなくなった本を集め、それを社員に販売する古本市を開催して収益をセーブ・ザ・チルドレンに寄付することだった。今でこそ当たり前になっているチャリティイベントだが、当時としては斬新なアイデアだった。集まったお

上田壮一 Soichi Ueda
株式会社スペースポート取締役社長／クリエイティブ・ディレクター 一般社団法人 Think the Earth 理事／プロデューサー 一九六五年、兵庫県生まれ。一九九〇年、東京大学大学院機械工学修士課程修了。広告代理店のマーケティング・プランナー、フリーランスの映像ディレクターを経て二〇〇〇年にスペースポート、二〇〇一年にThink the Earthを設立。商品開発、書籍、映像、携帯アプリ、ワークショップなど多様なアプローチで環境や社会問題への関心を高める活動を行っている。主な仕事に地球時計wn-1、書籍『百年の愚行』『1秒の世界』、プラネタリウム映像「いきものがたり」など。二〇一二年には全国五〇カ所の水辺の保全を呼びかけるトヨタのソーシャル・プロモーション・キャンペーン「AQUA SOCIAL FES!!」の企画・運営に携わるなど、企業とNPOとクリエイターを結び、事業活動と環境保全が両立する持続可能な社会デザインの模索を続けている。

〔上〕地球時計wn-1〔下〕部品やグラフィックカードが、地層のように積み重なっている地球時計のパッケージ

金は数十万円だったが、口先だけの社会貢献ではなく、具体的に実行できたことでこれまで感じたことのない達成感があった。阪神・淡路大震災のときにも、チャリティ古本市を行った。故郷が被災し、ショックを受けたが、(古本市の)活動を通して未来と真剣に向き合う人たちとの出会いもあった。

一方、スティーブン・ホーキング博士の講演会や、宇宙船ボイジャーがテーマのテレビ番組などＮＴＴデータの仕事を通じて、企業と協力して、文化的な活動や知性のあるメッセージを社会に発信する経験をすることができた。しかし、人事異動で別のクライアントを担当することになった。「このまま会社にいては高い意識を持つ企業を自分から選ぶことはできない。フリーになろう。そうすれば自分の責任で仕事を選べるはずだ」。今考えるとちょっと無謀だったが、企画を「実現」することに強く惹かれていた当時の上田さんにとってはシンプルな答えの出し方だった。

宇宙からの視点で地球を見る

「Think the Earth」は、この腕時計のアイデアを思いついたことから始まった。半球型のドームの中で、小さな地球が二十四時間で一周する。日の出と共に朝を迎え、日没と共に夜を迎える。自分の腕の中で、実際に地球の刻む「時の速度」を体感できる。宇宙からの視点で地球を眺め、地球上で起こっていることを客観的に考えたり想像したりする腕時計。このアイデアを実現させるために、上田さんは走り回った。現在、「Think the Earth」の理事長の水野誠一さんやアクシスの宮崎光弘さんなど多くの人に協力してもらった。時計の製造は、セイコーインスツルの協力を得た。上田さんは「メッセージは無理に言葉で伝えてはいけない」と考える。「ビジュアルなどによってきっかけを与え、その人の内側から言葉が生まれることに意義がある。与えられたメッセージは、借り物で終わってしまう。自分自身で気づいたことは、心に深く刻み付けられる」と上田さんは語る。地球時計は、自分で組み立てるようになっている。パッケージの中には、ダンボールがバームクーヘンのように重なっている。その間に時計の部品やグラフィックカードが地層のように積み重なって入っている。カードには地球に関する情報が、さまざまなビジュアルで表現されている。それを

〔右ページ〕1秒の世界、世界を変えるお金の使い方、気候変動＋２℃〔左ページ〕1秒の世界の中ページ

一枚一枚めくりながら想像力を使って、地球のことを考えてほしかったのだ。地球時計は、発売と同時に話題の商品になった。

世界を一秒で切り取る本

一秒間に、人は九十三ミリリットルの空気を吸っている。一秒間に、地球が太陽のまわりを二十九・八キロメートル進む。一秒間に、グリーンランドの氷河が一六二〇平方メートル溶ける。一秒間に、世界最大のハンバーガーチェーンに五三二人が来店する。一秒間に、〇・三人、つまり四秒に一人が餓えによって命を落としている。あなたがお茶を飲み、空を見上げ、となり町へと移動している間に、森林が消失し、氷河が崩れ落ち、大量の資源が消費されている。この世界のあらゆるものは、とどまることなく変化している。（『1秒の世界』より）。その巨大な変化を、一秒で切り取ることによってさまざまな気づきを手に入れられる。この本には、六〇項目にわたって生命、環境、宇宙など一秒で起きることが書かれている。視点の斬新さや一秒という単位で切り取ることが、想像力を刺激する。『1秒の世界』はベストセラーになり、パート2も発売された。また、TBSの同名のテレビ番組にもなり、一秒間の視点はたくさんの人に新鮮な気づきを与えた。あらためて母なる地球や世界のことを思うきっかけとなり、『1秒の世界』は広く社会に知れわたった。このシリーズと生物多様性や水をめぐる物語などのビジュアル・エコブックシリーズは、新しい視点からの教育教材として、日本全国の小中高校に寄贈されている。「Think the Earth」ではこの他に、二〇世紀に人類が犯した愚行の数々を一〇〇枚の写真で綴った写真集『百年の愚行』や、五日おきに季節が変わる二十四節気七十二候のカレンダー付き絵本『えこよみ』など一〇冊以上の出版を積極的に行っている。

デジタルプラネタリウムプロジェクト

上田さんたちは、一三七億年のスケールで宇宙から地球を想像することを、子どもたちに体感し

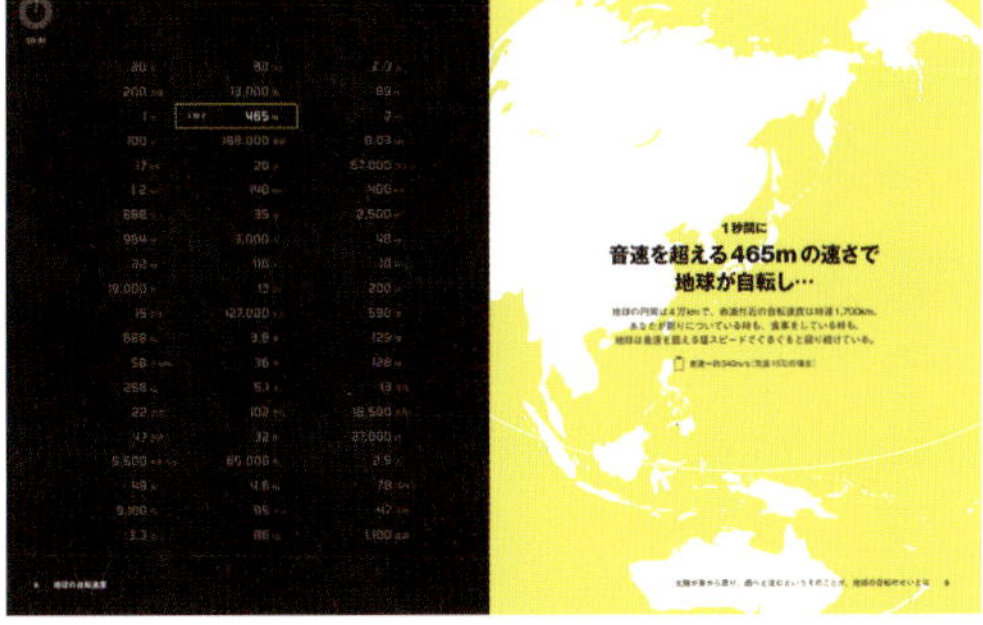

てほしいと考えた。近年のプラネタリウムは、デジタルプロジェクターを複数台用いた、高精細で迫力ある映像を鑑賞できるデジタルプラネタリウムが主流になりつつある。ドームいっぱいに広がる星空の中に入り込み、宇宙の広さを身体で感じて、『『地球に今わたしたちが生きていること』は、驚くべき偶然が重なっているからこそ可能なんだ」と子どもたちに知ってもらいたい。最新のプラネタリウム施設で、子どもたちの想像力を最大限に引き出して、環境教育に貢献する作品を作りたいと思った。こうした作品の場合、映像のクオリティが高くないと子どもたちに感動を与えることができない。上田さんは理想のクオリティに高めるために必要な、数千万円の制作費を必死になって集めた。熱帯雨林が広がるボルネオ島などにロケに行き、デジタル技術もふんだんに使い「いきものがたり」と「みずものがたり」が出来上がった。「みずものがたり」は、四十六億年前の地球をめぐる水の旅の話だ。宇宙からの視点で、環境教育を行う新しいエンターテインメント性のあふれる二つの作品は、全国のプラネタリウムで上映されている。また、学校などの教育機関からリクエストがあれば、無料で貸出しも行っている。

会社が変われば、社会が変わる

「社会をより良い方向にするためには、企業を変えて行く必要がある」と上田さんは語る。日本は企業社会である。統計によると国民の半分近くが会社員になる。つまり、日本の社会は企業と消費者を中心に成り立っていると仮定できる。日本を変えるためには、国民の意識を「消費者」から「市民」に変えなければならない。「市民」というのは、自分たちの社会や環境を守り、家族が安心安全に生活するためには何が必要であるかを考え、ときには行動も行う人のことを言う。その市民に気づきやきっかけを与えるために、プロジェクトを通じて上田さんはさまざまな活動を行っているのだ。

トヨタの「AQUA SOCIAL FES!!」は、これまで企業が行って来たプロモーション活動とはまったく違うものだ。「AQUA」は、エコカーの代名詞になっているプリウスよりもコンパクトで、世界トッ

〔上田壮一からのメッセージ〕
まず、想像力と好奇心を大切にしてほしい。それから夢中になれるものを一つ持っていることも大切。できれば、それでちゃんとゴハンが食べられるくらいのスキルを持つこと。そのスキルを生かして課題の解決ができるのが幸せである。自分の能力がプロジェクトで役立ったときに、一番達成感を得ることができる。それから、若い人の中には夢見がちで、今の仕事より自分にとって運命的な仕事が他にあると言う人がよくいる。しかし、今いる場所でも中途半端にしか働けない人は、ソーシャルを仕事にしても最後まで続かない。その仕事でプロ意識を持てない人は、他の仕事でもプロになれない。社会で働いて、いろいろな矛盾やドロドロしたことも経験し理解したうえで、問題解決に向かうことができる人になってほしい。

〔右〕デジタルプラネタリウム作品「いきものがたり」〔左〕「みずものがたり」

プレベルの低燃費※を誇るハイブリッドカーである。商品を購入するとその代金の一部が社会貢献になる、いわゆる「コーズ・リレーテッド・マーケティング」と言われる手法があるが、「AQUA SOCIAL FES!!」はそれとは異なるプロジェクトだ。商品を購入していない人にもソーシャル・アクションに参加してもらい、企業の社員も積極的に参加するキャンペーンは、これまでにあまり前例がない。電通のクリエイティブディレクターの岸勇希さんより「従来とまったく違うプロモーション提案を行いたいので相談にのってほしい」と依頼があった。競合コンペを通過した後の打ち合わせの席で、トヨタに対して上田さんはこんな発言を行った。「『AQUA』のキャンペーンで、環境問題と本気で取り組むのであればいくつかのポイントをクリアしてほしい」。「まず、取り組みを始めて効果が出るまでには時間がかかるので、中長期的に継続してほしい。次に、市民の参加を望むなら、トヨタの社員から積極的に参加してほしい。トヨタの社員が汗をかいて、プロジェクトに参加している姿がなければ、市民の共感を得ることはできない。また、環境問題の現場のニーズを知り、それに沿った活動にしてほしい」と語った。NPO活動と企業活動、双方の「本気」をつなぎたいとの思いからの発言だった。

しかし、トヨタも上田さんたちとまったく同じように、本気で社会貢献活動と企業活動の両立に取り組むつもりだった。「Think the Earth」や新聞社を通して、全国四十七都道府県五十カ所で、年間を通じて参加者と一緒に水辺の環境保全活動を行うプロジェクトが選ばれた。それぞれの地域のNPOと新聞社が中心となる活動だ。全国の地方新聞社が参加するのは驚くべきことである。日本の水辺を守り、再生を行う活動が年間一三〇回以上開催（二〇一二年度）され、一万人以上が参加した。その会場では、通常クルマのカタログを配布したりと、何らかの宣伝活動を行うものだが、そうしたことはほとんど行われていない。会場にある「AQUA」でさえも、プロジェクトの資材を運ぶ手伝いを行っている。「AQUA」の生産も東日本大震災の被災地である岩手県の工場で行われ、雇用を生み出している。トヨタが会社の利益のためだけに行っているのではなく、社会の利益のために企業ができることを本気で行っている証拠だ。再生プロジェクトの中には、「みんなの鶴見川

※二〇一二年六月現在　ガソリン乗用車（除くプラグインハイブリッド車）。トヨタ自動車（株）調べ

写真提供：AQUA SOCIAL FES!! 事務局

流域再生プロジェクト」と「みんなの北上川流域再生プロジェクト」といった独自のプロジェクトもあり、「Think the Earth」はこの二つのプロジェクトのサポートもしている。もちろんこれらも、一年で終わらない継続的なプロジェクトである。

上田さんは、これから持続可能な社会を実現させるためには、企業が大切な役割を果たすと考える。「我々は単なる『消費者』ではなく、『賢い消費者』であること。そして市民としての意識を持つこと」。そうした人々が会社で働けば、会社も変わる。トヨタの場合も、「AQUA」のキャンペーンで環境問題に本気で取り組めたのも、社内にそうした新しい考えを持つ人がいたからだ。会社が変われば、社会が変わる。上田さんが「持続可能な社会になるためには『会社』が大切なキーワードになる」と考える理由だ。

1 2 3 4 5

〔1・2・3〕トヨタ「AQUA SOCIAL FES!!」みんなの北上川流域再生プロジェクト〔4・5〕みんなの鶴見川流域再生プロジェクト

05

旅する支社・仙台　柳澤大輔

臨時の仙台支社を作り、地元のＩＴ企業が仕事を生み出すサポートを行う。

社員の給料の一部をサイコロで決める「サイコロ給」、社員の誰かをポジティブに評価する言葉を贈る０円の給料「スマイル給」など、ユニークな給料システムや話題のコンテンツを次々制作しているのが、ＩＴ業界で有名な面白法人カヤックである。その面白法人を牽引するのが、代表の柳澤大輔さんだ。カヤックは東日本大震災への支援プロジェクトをいくつも行っている。それを紹介する前に、法人として利益の追求以上に、生きる喜びにつながる価値観を大切にし、それを実現させるための経営理念の紹介から始めたい。

つくる人を増やす

柳澤さんは会社にも人格があると考えている。その人格とは法人格のことで、言葉だけで終わらせるのではなく、「人生が面白くなりました」と言う人を一人でも増やせるようにカヤックに人格を持たせる努力をしている。経営理念に「つくる人を増やす」といった言葉を掲げている。カヤックの経営理念は「人は何のために生きているのだろう?」の問いかけから始まっている。ほとんどの人は素直に「幸せになるため」と答える。では、「どうしたら幸せになれるのか?」と考えると、「人に感謝されること」が答えの一つになる。改めて「法人は何のためにあるのだろう?」の問いかけに対して、「経済活動を通して、社会に貢献し、その結果、法人自身が幸せになるため」とカヤックは考えている。カヤックは、もう一歩踏み込んで「その法人がどのようにして社会に貢献するのか?を言語化する」と定義している。また、「利益は決して、目的ではない」とも宣言している。「つくる人を増やす」とは、つくるという行為は、自分を深く理解することにつながり、自分のモノサ

柳澤大輔　Daisuke Yanasawa

一九七四年香港生まれ。慶應義塾大学環境情報学部卒業後、ソニー・ミュージックエンタテインメントに入社。一九九八年、学生時代の友人と共に面白法人カヤックを設立。鎌倉からオリジナリティのあるＷｅｂコンテンツやスマートフォンアプリ、ソーシャルゲームを発信する。主要事業のほかにも飲食店「DONBURI CAFE DINING bowls」を運営。二〇一二年カンヌライオンズ国際クリエイティビティ・フェスティバル審査員。著書に「面白法人カヤック会社案内」（プレジデント社）、「アイデアは考えるな」（日経ＢＰ社）、などがある。ユニークな人事制度（サイコロ給、スマイル給）や、ワークスタイル（旅する支社）を発信し、「面白法人」というキャッチコピーの名のもと新しい会社のスタイルに挑戦中。

シを持つことで価値基準を明確にできる。人はつくることを通して「他人が喜んでくれることが、自分の喜びになる」という感覚を知る。つまり、つくる人が一人でも増えれば、社会はきっとより良くなる。さらにカヤックは、つくるのを忘れてしまった人をも目覚めさせて「つくらない人を、つくる人にする」。それがカヤックの使命と考える。この経営理念を実現させるために、他から見るとユニークと思われるさまざまなシステムがカヤックには存在する。面白法人を表面的に捉えるのではなく、自分たちが面白く働き楽しむことが、社員の人生を豊かにし、それを社会にも広めることを目指している。その結果、「人生が面白くなりました」という人を一人でも増やすために、面白法人を名乗っているのである。

つくることは、見つめること

カヤックが行った震災に対する復興支援は、新たに立ち上げたものではない。もともとカヤック

［上］鎌倉本社オフィス［中］サイコロ給用ダイス［下］スマイル給

で新しい価値を創造するために行っていたプロジェクトやシステムを、復興支援用にアレンジしたものだ。カヤックでは所属するWebクリエイターの総リソースの一部を、翌年以降の新しい事業の研究開発に充てている。さらに前年の売上の一部も、その翌年、世の中にない新しい価値を創造することに充てている。カヤックスタイルの中に「旅する支社」といったものがある。「旅する支社」とは、行きたい場所があればたとえ海外であっても、一時的に事務所を数カ月借りてしまう。そこに行き、社員で交互に仕事をフォローしながら、普段している仕事をまったく別の環境で行ってみるというインターネットというツールがあるからこそ可能になる実験だ。人は新しい環境に身を置くだけで、普段出ないアイデアが生まれたり、新しい気づきがあったりする。「旅する支社」とは、数カ月限定の臨時の支社のことである。

つくることは、与えること

東日本大震災が発生して、仙台から「震災でクリエイターの仕事が激減していて、クリエイターを大切にするカヤックから、何か支援できないか」と相談があった。そこで、カヤックにしかできない支援活動の一つとして、「旅する支社」を仙台に置くことにした。震災で仕事がなくなり、被災地を離れる企業が相次ぐ中、あえて仙台に支社を作る発想からしてカヤック的である。地震発生から一カ月しかたっていない四月二〇日には、柳澤さんをはじめとするプロジェクトメンバーは、支社設立準備のため仙台に入った。当初の予定では、仕事をなくした現地のＩＴ企業に、カヤック経由で仕事を依頼するつもりだった。しかし、地元のＩＴ企業三〇社の方に会ってヒアリングをしてみると、それぞれの会社のスキルにも差があるし、何よりそのやり方だと長期的な支援にならないことがわかった。一時的に仕事を提供しても、それが終わった時点で仕事がなくなってしまう。長期的な支援にするためには、自分たちで仕事を産み出せるための支援でなければ意味がないと柳澤さんは感じた。ゴールデンウィーク明けには、仙台支社長の野崎錬太郎さんとカヤックのパートナーであるエンジニア一名が仙台に入った。仙台支社からの情報を読み取り、支援活動として

〔左ページ〕旅する支社・ベトナム〔右ページ〕旅する支社・イタリア

Android を使った仕事を創出することに決まった。Android は、スマートフォンやタブレットＰＣなど、携帯情報端末用に開発されたプラットフォームだ。二〇一一年には Android は、アメリカや日本においてトップシェアを誇っていた。

　当時、Android を専門とするエンジニアは、世界的にもまだ数が少なかった。だからこそ、そこにビジネスチャンスがあると思った。仙台などの地方では、Ｗｅｂ系、エンジニア自体が東京と比べても圧倒的に少ない。しかし、リサーチしてみると仙台のエンジニアの多くが独学で Android の勉強を行っており、非常に盛り上がっていることがわかった。その人たちに高い知識や技術を身に付けてもらえば、世界市場で仕事を行える可能性もあると感じた。そのためのサポートができれば、「Android と言えば仙台！」になることだって夢ではない。仙台の人たちもその可能性にチャレンジしようと仲間に声を掛け合った。二〇一一年の六月十一日に、地元のＩＴ企業約三〇社と個人で仕事をしている三〇人の仲間が中心になって、「Fandroid EAST JAPAN」を立ち上げた。カヤックは特別協力でサポートを行うことになった。仙台の人たちの知識やスキルを少しでもレベルアップするために、カヤックが技術者を東京から呼んで勉強会を行ったりもした。さらに「Fandroid EAST JAPAN」を軌道にのせるために、プロモーションのサポートを行ったり、仕事を紹介したりした。

　柳澤さんは仙台の人たちに、「カヤック仙台支社は三カ月間限定のサポート」であると伝えていた。あえて期間を限定することで、地元のクリエイターが自主性を持って、短期間でスキルを身に付けてほしかったからだ。自主性は、カヤックでも大切にしていることである。三カ月限定の宣言をしていたが、仙台の場合は通常の「旅する支社」とは違うので、「経過を見てそれが厳しいようだったら期間を延ばすつもりだった」と柳澤さんは語る。結果的にはその必要もなく、仙台のクリエイターは素晴らしい成長を遂げ、「Fandroid EAST JAPAN」は仙台のＩＴ業界にとって仕事を創出する重要なコミュニティへと成長した。

　柳澤さんは「旅する支社・仙台のプロジェクト」を振り返り、これまでイタリア、ベトナムなどで「旅する支社」を実施してきたが、仙台からはたくさんの学びと喜びを得ることができたと思った。こ

東日本大震災から1年
日本に向けてエールを送ってくださった皆さまへ
THANKS from JAPAN

KAYAC
ありがとう仙台勉強会

届けみんなのこえ

ありがとう カヤックさん
Fandroid EAST JAPAN　- 仙台 2011/8/12-

SPECIAL
今、アートができること。
ART of HOPE to JAPAN
寄付金額合計： 509,771円

毛色は4パターン!

みんなでつくろう、使いやすい
停電時刻表アプリ

ideaPod
他にも使える
ようにせよ

れからの「旅する支社」は地元の人と一緒になって考え、アクションをすることが大切なテーマになりそうだ。何より仙台支社のメンバーは、カヤックにしかできない支援をしたことで、人生において素晴らしい経験ができたし、仙台の仲間との深い友情が生まれた。「僕自身もありがとうという感謝の言葉を直接聞いて、忘れられない幸福感をもらいました」と柳澤さんは語る。

カヤックは「旅する支社」以外にもいくつもの支援プロジェクトを実施している。「ART-Meter」はもともと素人の画家がサイトを通して、自分の作品を多くの人に買ってもらえるチャンスを提供するシステムだった。その中に〝応援しよう！東北で活躍する画家〟のコーナーを作り、できる限り東北のアーティストの作品を購入してもらえる支援活動にした。さらに、「ART-Meter」で絵を購入すると作家に報酬が支払われると同時に、売り上げの一〇％（ART-Meterでのカヤックの販売手数料）を日本赤十字社へ寄付することも行った。東日本大震災への寄付に賛同してもらえた画家の作品も「ART of HOPE to JAPAN」のコーナーで販売し、売り上げの全額を寄付した。それ以外にも「THANKS form JAPAN」の特設キャンペーンサイトを設置した。どんな些細なことでも良いので「ありがとう」を投稿するサービスを通して、被災地の人々が悲しみから立ち上がるために「ありがとう」のチカラで少しでも笑顔を増やしたいと考えた。「ありがとう」を投稿してもらうと、一つの「ありがとう」につき三十九円が日本赤十字社に寄付されるシステムになっている。たとえ小さな「ありがとう」でも、少しだけでも笑顔が生まれて、前を向くポジティブな気持ちになってほしいと考えたプロジェクトだ。この三十九円の寄付金はすべてカヤックが提供している。投稿された「ありがとう」は、四カ国語に自動翻訳し世界にも発信した。その他にも震災を風化させないために作られたアプリ「復興の窓」やkoebu「届けみんなの声」などのプロジェクトも行った。

利益は目的ではない

東日本大震災への支援プロジェクトを素早く複数実行することができたのも、未来に投資するための考え方やシステムがカヤックにあったからだ。震災支援プロジェクト以外にも、カヤックが自

6	1
7	2
8	3
9	4
10	5

〔1〕旅する支社・仙台設立当時〔2・3〕旅する支社・仙台最後の「仙台ありがとう」勉強会〔4・5〕仙台Webクリエイターと開発した新Androidアプリ〔6・7〕震災復興支援サイト「THANKS FROM JAPAN」〔8〕震災復興支援サイト「届けみんなのこえ」〔9〕震災復興支援サイト・今、アートができること。「ART of HOPE to JAPAN」〔10〕震災復興支援アプリ「停電時刻表アプリ」

主的に企画し、実行している社会貢献プロジェクトがある。自分たちが働き、暮らしている鎌倉市では、ゴミ焼却場が一つ減ることになった。これまで以上に、市民にゴミを減らすことに対する意識を高めてもらう必要があった。「鎌倉ごみバスターズ」は、ごみ問題に楽しく取り組むコレクションゲームアプリである。分別やリサイクルなど、ごみを減らすアクションを実行すると、鎌倉大仏やしらす丼といった鎌倉名物のアイテム画像をゲットできるアプリだ。鎌倉市限定機能として「鎌倉市のごみ分別辞書」や「ごみの出し方解説」、地域ごとにごみ収集スケジュールを設定できる「ごみ出し忘れ防止機能」まで付いている。この「鎌倉ごみバスターズ」のサービスを始めると、他の行政からも問い合わせがあったりして話題になった。

その他にも「ZangPang」というユニークなサービスも行っている。日本人が一年間で食べ残したり、賞味期限が過ぎて廃棄される食料を集めるだけで、アフリカの一つの国の飢餓を解消できると言われている。そこで、「食べ残すのはモッタイナイから、友だちにオスソワケ！」をするサービスをつくった。「ZangPang」は、残りメシのソーシャルシェアリングサービスだ。お店でごはんを食べ残してしまった人と、ごはんを食べたい人をつなぎ、残りものを少しでもなくすエコロジーなサービスだ。レストランや居酒屋で、ついつい料理を頼みすぎてしまった。そんなときは「ZangPang」を使って、残りメシの写真とその情報を投稿すると、近くにいる人が連絡をして残ったものを食べるというシステムだ。モッタイナイをなくし、友だちもできてしまうシェアリングサービスになっている。

つくらない人をつくる人にしていく

今回の取材を通して、柳澤さんは実に自然体な人だと筆者は感じた。カヤックは、法人も人間も感謝されると幸せになると信じている。それを経営理念などに具体的に言語化することも必要だし、カヤックにしかできないユニークな方法で実行することも大切にしている。カヤックは、社員の幸せを考えたり、社会貢献を実施することを、会社が利益を上げて成長することと同時に実現できて

〔柳澤大輔さんからのメッセージ〕
この本に興味を持って読んでいる人は、社会的なことに対して意識の高い人だと思う。いま自分が興味を持ったり、活動を行っていることがあったら、それを続けていくことを大切にしてほしい。最初はそれほど大きなプロジェクトでなくても良いし、社会的に見てマイナーなテーマでも構わないと思う。僕自身もカヤックを立ち上げたときには、それほど大きな視点を持っていなかったし、ソーシャルなこともさほど考えていなかった。どんなテーマでも一生懸命に向き合っているとだんだんと考えが深まってくるし、次にやるべきことや社会的使命なども自然と見えてくると思う。とにかく、自分の個性を大切にして、自分にしかできないチャレンジをしてほしい。

いる。このことは、経済の低迷が続く現代において奇跡的なことだ。どうしてそのような理念を持ったのかと質問してみると「だって、その方がカッコイイじゃないですか」とサラリと答えてくれた。例えば、オリンピックのメダリストは、ただ金メダルを取るためだけに競技をやっているわけではない。「メダル以外に生まれるたくさんのことが、メダリストを成長させ輝かせているし、周りの人との絆があればこそ感動が生まれるのと同じこと」と話してくれた。そうした考えだから、柳澤さんは自然体なのだろう。柳澤さんはさらに続けて、「道徳心や倫理観は時代と共に刻々と変化している。それを敏感に感じとり、考え、行動していくことが大切である」とも語ってくれた。取材を通して、カヤックはこれから持続可能な社会になるために、企業の目指すべき理想的な姿の一つになっていると思った。無理することなく、自然体で社会に貢献することを実行し、鎌倉という魅力的な環境と自分らしさを大切にしながら、働くことを楽しんでいるカヤックの人々が羨ましくなった。

1 2 3 4

〔1・2〕ソーシャルサービス「鎌倉ごみバスターズ」〔3・4〕ソーシャルサービス「Zang Pang」

06 人がつながるしくみをつくる　山崎 亮

成功するまち起こしは、
そこに住む人々が地域の価値に気づくこと。

まち起こしや村起こしのために、ハコモノ行政が流行った時代があった。ありとあらゆる博覧会が、日本中で開催された時代があった。結局、ほとんどのものが、そこに何も残してはくれなかった。今、山崎亮さんは全国各地から引っ張りだこだ。しかし、山崎さんは何もつくらない。モノをつくるのをやめると、人が見えてくると彼は言う。その場所に通いつめ、地域に住む人と徹底的に対話を重ねる。人がつながるしくみを考える。山崎さんの方から何一つ押し付けたりはしない。じっくりと、その中から大切なものがにじみ出てくるのを待つ。地域の人々がその土地だけにある価値に気づき、人のつながりの大切さを財産だと気づくまで、辛抱強く対話を続ける。住民が自ら行動を起こせなければ、山崎さんたちがプロジェクトを地域の人々に手渡した後に、何も残せなくなってしまうからだ。

コミュニティデザイン

山崎さんがコミュニティデザインにたどり着いた理由はいくつかある。一つは、ランドスケープデザインを勉強してきたことだ。ランドスケープデザインは、完成してからの維持管理も重要になる。その運営のためには、予算も人手も必要になる。設計した場所の植栽が数年後に立派に育ち、楽しそうで緑豊かな空間になるためには、市民の力が必要だ。それにはたくさんの市民が参加してくれる仕組みづくりが必要だった。市民がその場所を自分たちの財産だと感じてくれるために、何度も対話を重ねた。ただし、デザイナーの肩書きを持っていると「何かデザインを提供してくれる」と思い込んでしまい、市民は自ら考えることをしなくなってしまう。そこで、デザイナーの肩書きを

山崎 亮　Ryo Yamazaki
studio-L 代表。京都造形芸術大学教授。地域の課題を地域に住む人たちが解決するためのコミュニティデザインに携わる。まちづくりのワークショップ、住民参加型の総合計画づくり、建築やランドスケープのデザイン、市民参加型のパークマネジメントなどに関するプロジェクトが多い。著書に『コミュニティデザイン』（学芸出版社）、『ソーシャルデザイン・アトラス』（鹿島出版会）、『コミュニティデザインの時代』（中公新書）、共著に『まちの幸福論』（NHK出版）、『コミュニティデザインの仕事』（株式会社ブックエンド）、『コミュニケーションのアーキテクチャを設計する』（彰国社）、『幸せに向かうデザイン』（日経BP社）、『藻谷浩介さん、経済成長がなければ僕たちは幸せにはなれないのでしょうか?』（学芸出版社）、編著に『つくること、つくらないこと』（学芸出版社）などがある。

捨て「僕は何もつくりません。みなさんとコミュニティを一緒に考える仕事です」と伝えるようにした。すると、「与えてもらうのを待つのではなく、市民が自ら考えるようになった」と山崎さんは語る。

もう一つには、阪神・淡路大震災の経験が深く関わっている。当時学生だった山崎さんは、震災直後に現地に入り、神戸市の黄色い腕章を巻いて現地を調査した。白地図に全壊、半壊、部分壊を判断しながら色を塗っていく役目だった。山崎さんが担当したのは住吉区。細かい判断をするまでもなく、ほとんど赤鉛筆しか使う必要はなかった。見渡す限り全壊なのである。地図上に存在する道路さえも区別がつかず、暗澹たる気持ちで川沿いを歩いていると、そこに被災者たちが集まっていた。みんなが協力して食事を作っていた。子どもを亡くした夫婦が、親を亡くした家族を励ましていた。このときほど人と人のつながりに気持ちを救われたことはなかった。瓦礫と化した神戸のまちに人のつながりが残っていて、そこから生活再建の芽が育っているような気がした。山崎さんが、コミュニティの力強さと大切さを感じた瞬間だった。

探られる島「いえしま」

山崎さんの代表的な仕事の一つに、家島諸島のプロジェクトがある。家島諸島は、姫路港から船で三〇分ほど沖に出た場所にある群島である。家島町の人口は八〇〇〇人弱で、急速に減少していた。理由は産業の衰退だった。きっかけは、面倒をみていた学生が卒業研究に家島を選んだことからだった。山崎さんのアドバイスを受けながら地元の人々と協力して、家島の魅力を伝えるガイドブックが出来上がった。ガイドブックを作る過程で、参加者が家島町のことをより深く知り、地元への愛着を深めたことは大きな成果だったが、残念ながらそれを見た人が「家島へ行きたい！」と思えるものではなかった。どこの観光地にもあるような内容だったのだ。

山崎さんは本腰をあげた。そこで、「探られる島」というプロジェクトを立ち上げた。島外から参加者を募り、家島の魅力を発見してもらう。五年にわたり、毎年全国の大学から約二〇人を集めて家島の魅力を探る。目的は二つある。一つは島を探ってもらうことにより、島外の人たちに家島のファンになってもらうこと。もう一つは、家島のどこが島外から見て魅力的なのかを島民に知ってもらうことだった。

毎年テーマを決めて魅力を探り、毎回冊子にまとめた。島の外から来た学生が面白がって撮影した写真は、当初島の人たちに理解されなかった。島の人たちにとって日常的な写真のどこが魅力なのかさっぱりわからなかった。そこで、写真を絵ハガキにして、家島の港と大阪市内の二カ所で展示、配布してみた。家島で品切れになるハガキは、神社や港や岡の上から眺めた風景の写真。大阪で品切れになるハガキは、畑にポツンと置かれた冷蔵庫や波打ち際に放置された採石用の巨大な鉄の爪。この結果を目の当たりにして、島の人たちが「外の視点と内の視点」の違いをようやく認識するようになった。家島町としても、漁業から採石業へと移行した島の主幹産業を、観光業へとシフトさせようとしていた。そこで、山崎さんは、「ハコモノを作って一時的に人気が出てもすぐに飽きられてしまう。じわじわと来訪者が増えるような仕組みをつくるべきだ」と提案した。一〇〇万人の人が一度だけ訪れる島ではなく、一万人の人が一〇〇回訪れたくなるような島にすべきであり、コアな家島ファンをどのようにつくるかが重要だと考えた。そこで、一〇〇名の住民と一緒にワークショップ形式で話し合いながら、総合振興計画を作ることにした。その結果、「いえしままちづくり読本」が出来上がった。「一人でできること」「一〇人でできること」「一〇〇人でできること」「一〇〇〇人でできること」といった目次構成とした。自分でできることは自分でやる。誰かと協力したらできることは仲間を募ってやる。自分たちだけでできないことは行政と一緒にやる。住民がこれからやるべきことを、今後のまちづくりの指針になるようにした。大切なのは、誰かにやらされるのではなく、自分たちが望んで活動を続けて行くことだ。

まちづくりは住民が行うもの

山崎さんのコミュニティデザインでは、住民との対話をとても大切にしている。そこに通常では考えられないほどの膨大な時間とエネルギーを使う。それにより、山崎さんを「よそ者ではなく、

〔1〕家島諸島の風景〔2・3・4〕「探られる島」プロジェクト実行中の学生たち〔5・6〕NPO法人「いえしま」を作った島のおばちゃんたち〔7〕おばちゃんたちの開発した特産品「のりっこ」

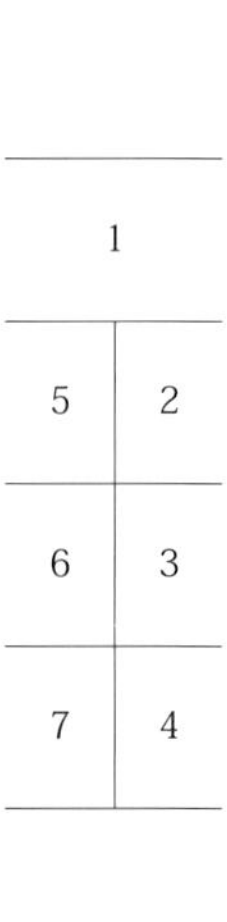

のりっこ
のりっこ

自分たちと一緒になってこの場所の未来を考える仲間」と認めるようになる。単純なことだが、仕事としては割に合わなくなるので、そこまで情熱を持ってやる人はいなかった。これこそが「今まで失敗したプロジェクトはない」と言う山崎流コミュニティデザインの極意の一つだろう。

二〇〇五年、家島町は姫路市と合併することになった。企画財政課が三億円の予算の使い道に関して悩んでいた。「合併までの間にこれを町民のために使いたいと考えているが、文化施設を建築する以外に何か良い使い道はないだろうか」と山崎さんは相談を受けた。新たな施設を家島に設計するのは魅力的な仕事である。しかし、ハコモノの弊害もよく知っている。そこで、「まちづくり基金の設立」を提案した。三億円あれば、毎年一〇〇〇万円ずつ使ったとしても三〇年間使い続けることができる。例えば上限一〇〇万円のまちづくり助成金を毎年一〇団体ずつに与えたとしても一〇〇〇万円。三〇年間もまちづくりをサポートすれば、「いえしま地域」は飛びぬけてまちづくり活動が盛んな場所になるだろうと考えた。家島でずっと一緒に活動してきたおばちゃんたちがいる。そのコミュニティが、「NPO法人を設立して積極的にまちづくり活動を続けたい」と言ってきた。NPO法人として独立することにより、資金を獲得し、自分たちで積極的にまちづくり活動を続けていくことが重要だと考えたのである。まさに、山崎さんが望んでいた変化だった。このNPOが取り組むことは二種類あって、家島産の魚介類を使った特産品を開発して販売することと、特産品販売の利益でまちづくり活動を展開することだ。おばちゃんたちはその後、アイデアを出し合いながら、自分たちで魅力的な商品を次々に生み出している。また、空き家をゲストハウスとして活用するプロジェクトも実施している。対象は外国人旅行客。「いえしま地域」の民宿などが、すでに国内の旅行者を呼び込む努力をしている。この地域にまだ来ていない層でなければ、客の奪い合いになってしまうからだ。姫路城が世界遺産に登録され外国人がやって来るようになったが、数時間滞在するだけでそのまま広島に行ってしまう。姫路まで来た外国人を船に乗せて、島まで連れ出して宿泊させたいのだ。そこでゆっくりとした「いえしま時間」を過ごしてほしいと考えた。

一気に盛り上がる地域産業は、何かしらのきっかけで一気に盛り下がる。じわじわと観光拠点を

〔右〕笠岡子ども島づくり会議の様子、「子ども笠岡諸島振興計画書」を作成した子どもたち。

つくり、じわじわと観光案内人を育て、じわじわと町民におもてなしの心を理解してもらう。その間、じわじわと来訪者が増えてくれば、その対応に慌てることもなく、借金して設備投資する必要もない。住民が土地の魅力を理解すれば、そこを離れる人も必ず減る。観光まちづくりをゆっくり進めることにはそれなりの意味がある。コミュニティデザインにおいて「ゆっくりであることも大切だ」と山崎さんは語る。

こどもがまちづくりの中心

山崎さんのコミュニティデザインには、決まりきったカタチはない。岡山県にある笠岡諸島のまちおこしの仕組みがその良い例だ。山崎さんのコミュニティデザインは、地元民との対話から始まる。ヒアリングを通じて地元の特長を知り、課題を理解し、生活者との信頼関係をつくることが目的である。笠岡諸島は七つの有人島で構成されている。七つの島を回ってヒアリングを行ってみると、大きな壁があることがわかってきた。まず、笠岡諸島は本土に近い離島であることから、ほかの離島に比べて将来に対する危機感がそれほど高くない。しかし、こどもの数は年々減少を続けている。それから、隣りの島と協力することが嫌だと答える人も少なくなかった。地元民が力を合わせたくないのだから、一般的には、まちおこしはここで暗礁に乗り上げてしまう。

山崎さんのコミュニティデザインは、変幻自在である。大人が「できない理由」ばかり並べるのであれば、子どもたちと一緒に計画をつくることを山崎さんは考えた。子どもたち同士なら「隣りの島とは協力したくない」とは言わない。島には高校がないため、中学を卒業した子どもたちの大半は高校へ行くために島を出る。それから大学、就職と合計一〇年近くを島外で過ごすことになる。そこで、七つの島から子どもたちに集まってもらい、一〇年後にみんなが帰りたい島になっていることを目指してワークショップを行った。子どもたちは、もう一度島の魅力を知るためのフィールドワークを実施したり、島の大人に対するインタビューなどを行った。こうした作業を通じて、一〇年後に理想的な島にするための「子ども笠岡諸島振興計画〜一〇年後の笠岡諸島への手紙〜」が

〔左〕笠岡諸島を楽しくするアイデアを演劇方式で発表し、計画書を大人たちへ手渡した。

出来上がった。この中には、公民館を活用した特産品販売のコミュニケーションやゴミ拾いを主軸に据えたエコマネーのシステム、廃校になった自分たちの母校を活用するためのアイデアなどが盛り込まれている。最初のページには「拝啓。一〇年後、笠岡諸島に暮らすあなたへ」という文章が書いてある。子どもたちの発表会には、七島の生活者七〇人以上の人が集まった。演劇方式で提案内容を発表した子どもたちは、最後に計画書を大人たちに手渡し、「この計画を実行してくれなかったら、私たちは本当に島に戻らない覚悟です！」と強く大人たちに伝えた。一〇年後、二〇年後に島を支えていく子どもたちの真剣な提案は、大人たちの心を動かした。その後、大人たちは笠岡諸島の将来のために動き始めた。中学生の参加者は、こんな嬉しい言葉を口にしてくれた。「もし大人がこの一〇年間、私たちの提案に本気で取り組んでくれたら、私たちはそれを引き継いで次の一〇年計画を実行したいと思う」。まちおこしは、他人が行うものではない。いかにそこに住む人々のやる気を引き出し、具体的にやるべきことを考え、アクションへと結び付けるかが重要である。笠岡諸島のケースも、次の時代を担う子どもたちをプロジェクトのヒーローにしたり、大人に提案を押し付けるのではなく、子どもたちからの手紙にする人の心理を知り尽くしたアイデアは、山崎さんでなければ考えつかないだろう。

市民と行政でつくる延岡駅

現在進行中のプロジェクトに、宮崎県延岡市の駅周辺整備プロジェクトがある。このプロジェクトの革新的なところは、駅舎などの建築物を造る前から山崎さんがプロジェクトに参加していることだ。持続的なにぎわいのある空間の再生を目指して、じっくりと時間をかけて市民と一緒になり、対話やワークショップを重ねている。駅前空間の再整備にあたっては、ＪＲ（駅舎）、陸橋連絡路（市）、駅前広場（県）、複合施設（民間）など異なる事業主体が再整備を行うため、一貫して空間のデザインの指針をとりまとめ、各事業主体や市民の意見を調整して方向性を示していく存在が必要となる。市民も一緒にプレゼンテーションを受けて、延岡の未来のため、みんなが楽しく集まる場にす

〔山崎亮からのコメント〕
ソーシャルな課題に立ち向かうと、やってもやってもなかなか問題が解決できないと感じるかもしれない。社会は、本当にたくさんの問題を抱えている。これまで誰もチャレンジしていない、新しい分野を開拓しているのだから、なかなかうまくいかないのが当たり前。そんなときに、もしかすると虚無感を感じるかもしれない。周りから「情熱だけで喰っていけるわけないだろう」と言われるかもしれない。でも、僕はこう言いたい。情熱があれば案外なんとかなる。健康ならバイトなどをやれば、今の日本において餓死することはない。若い人には、とにかく情熱を大切にしてほしい。「情熱だけで、喰っていけるぞ！」と僕は応援する。

るにはどんなコンセプトの建築が必要なのか、プロポーザル方式による五人の指名者から提案を募った。コンペの結果、建築家の乾久美子さんが「デザイン監修者」に決まった。行政と市民と山崎さんががっぷり四つになって取り組んだこのプロジェクトが完成すれば、地域の中心となる開発事業に住民が参加するまったく新しいコンセプトのまちづくりを実現することになる。山崎さんは、「地域を元気にするためには、行政の力も必要」と考えている。行政のシステムには複雑で難しい部分もあるが、「市民のためにいっぱい汗をかいて、本気で頑張っている人々はたくさんいる。そうした愛情のある人と一緒になって、もっと地域を元気にしていきたい」と、確信に満ちた笑顔を浮かべてくれた。

1
2
3
4

〔1・2〕延岡市民とのワークショップ
〔3〕デザイン監修者の乾さん〔4〕乾さんの提案した新しい延岡駅周辺の模型

海外の事例 01

The Fun Theory（楽しい理論）

フォルクスワーゲンが主催している「The Fun Theory（楽しい理論）」で賞を取ったアイデアがスウェーデンで実用化された。「Speed Camera Lottery（スピード・カメラ・ロッタリー）」は、道路に設置したスピード違反取り締まり用のカメラを使って、違反者に罰金を払わせるだけではなく、逆に制限速度を守って運転した人に宝くじが当たるというシステム。ストックホルムで行われたテストでは、三日間で二十二％も平均速度が下がった。この「The Fun Theory」で受賞したアイデアには他にも、地下鉄の階段がピアノの鍵盤になっていて、上がり下がりする度に音が鳴り、エスカレーターより階段を利用したくなるといったエコなアイデアもある。また、公園のゴミ箱にゴミを捨てると、何百メートルも地下にゴミが落ちていくかのような音がして、周りに落ちているゴミまで入れてみたくなる楽しいゴミ箱などがある。「楽しい！」という気持ちは、人々の行動を変えるための大きな力を持っている。

Guerrilla Gardening（ゲリラ・ガーデニング）

人々が眠りについている間に密かに集まり、緑が少ない公共エリアやスラム街などに大量の草花を植えていく。夜が明けると公園や道路が、緑でいっぱいになり、人々を笑顔にするゲリラ活動がある。リチャード・レイノルズさんは、イギリス郊外からロンドン南部に引っ越ししてきたが、あまりの緑の少なさに落胆した。自宅の周りの花壇は荒れ放題。管理人に苦情を言っても駄目だった。そこで自発的に、毎晩周りの花壇を整備し、荒れた花壇を見事に蘇らせた。この運動を広げるためにウェブサイトで呼びかけたところ、都会に暮らしているガーデニング愛好家が賛同し、二年間で一七〇〇人が参加する活動へと拡大した。その後世界中へ広まった「ゲリラ・ガーデニング」は、ニューヨークでは、スラム街での麻薬販売が減るなど、風景を豊かにするだけでなく地域が抱える問題を解決したり、今までなかったコミュニティを生み出したりといった、素晴らしい効果を生み出している。「ゲリラ・ガーデニング」は、たった一人で始めた活動が、ただ風景を美しくするだけではなく、人々の心を癒し、地域の抱える問題まで解決してしまった。

Teach For America（ティーチ・フォー・アメリカ）

ウェンディ・コップさんはプリンストン大学卒業後、非営利団体 Teach For America（TFA）を立ち上げる。アメリカの貧しい地域にある学校は、一般的に学業成績が低い。低所得地域の子どもたちが大学を卒業する割合は、恵まれた子どもたちの七分の一である。彼女は貧しい地域に生まれてきたことで、人生における夢も機会も、他の地域の子どもたちに比べて限られてしまうのはおかしいと思った。その原因は、教育者の数や質の問題にあった。低所得地域では、全般的に教育免許を持った教師を十分に確保できていないし、教育に対する意識も低い。そこで、全米の優秀な大学卒業生を社会に出る前の二年間、教師になるための必要なトレーニングを行い、劣悪な環境下にあるアメリカ各地の公立学校に教師として送り込む事業を一九九〇年から開始。これまでに一万五〇〇〇人以上を派遣し、根底からの教育改革に多大な成果をあげている。ＴＦＡに対する称賛と支持は極めて高く、ハーバードやプリンストンなど有名大学の卒業生の一割が応募、二〇一〇年の全米大学生の「理想の就職先」ランキング第一位になった。

Say Something Nice（セイ・サムシング・ナイス）

アメリカのパフォーマンス集団「Improve Everywhere（インプルーブ・エブリウェア）」はニューヨークの繁華街に、小学校の校長先生が挨拶するような演台を設置し、そこにメガフォンと「Say Something Nice（セイ・サムシング・ナイス＝何か素敵なことを言おうよ！）」と指示するプレートを置いた。その前を通りがかった人は、最初は躊躇していたが、ある人が「I Love New York！」と叫ぶと、それをきっかけに次々にメガフォンを手に取り、「貴方のファッション大好き！」「子どもたちを愛しているわ！」など、日頃の感謝の気持ちや、周りの人々への褒め言葉を素直に口にした。街角に演台とメガフォンというシンプルな仕掛けだけでも、そこに居合わせた人もみんなハッピーになり、自分が住んでいる街をもっと好きになることを実証した。この「セイ・サムシング・ナイス」は、グッゲンハイム美術館が二年間続けてきた「stillspotting nyc（スティルスポッティング・ニューヨーク）」というプロジェクトの一環で行われた。

Soccket（自家発電型サッカーボール・ソケット）

ハーバード大学の学生だったジェシカ・マシューズさんとジュリア・シルバーマンさんの二人組は、開発途上国の電力不足を、子どもたちの無限のエネルギーで解決することに挑戦した。世界の子どものうち、二十五％は電気を自由に使えない環境で生活をしている。しかし、その多くの子どもたちがサッカーはできることに目をつけ、世界初の自家発電型サッカーボール「Soccket（ソケット）」を開発した。このボールは、キックされたり転がったりして生まれる衝撃を電気に変換する。およそ十五分間蹴るだけで、小型ＬＥＤランプを三時間使える電気を充電することができる。昼間たっぷりとサッカーをして遊び、夜は家に帰って来てボールにプラグを差し込む。昼間貯めた電気で、勉強をしたり、家族の団らんを楽しむことができる。それと同時に、ランプの燃料費も節約できる一石二鳥の凄いサッカーボールだ。このボールは、メキシコ、エルサルバドル、コスタリカ、ナイジェリア、ハイチの子どもたちに届けられる予定になっている。今、世界中のサッカー愛好家の注目の的である。

Uniform Project（ユニフォーム・プロジェクト）

ニューヨークでクリエイティブ・ディレクターとして働いているシーナ・マテイケンさんは、二〇〇九年五月一日から二〇一〇年四月三〇日まで、同じデザインの黒のワンピースをさまざまなファッション・コーディネートを工夫しながら一年間に渡って、オシャレに着回し続けた。現代の若者は、ファッション・トレンドに乗り遅れまいと、必要もない洋服まで買い込み、その多くを無駄にしてしまっている。シーナさんはプロジェクトの期間中、自分のファッション・コーディネートを毎日ブログに更新して、「クリエイティブに考えれば、無駄に新しいものを買わなくても、スタイリッシュなファッションを楽しめる」ことを実証した。このユニークなチャレンジは、ネットを通じてまたたく間に世界中の若者の注目の的となった。学生時代をインドで過ごしたシーナさんは、インドの教育支援の募金活動をプロジェクトの中で実施。ユニフォーム・プロジェクトが世界中で話題となり、プロジェクト期間中に一〇万ドル以上の寄付を集めることに成功した。

07 ホワイトバンドキャンペーン　マエキタミヤコ

チャーミングなクリエイティブの力を使って、社会や市民を動かす。

中田英寿や北島康介、ミスチルの櫻井和寿などそうそうたる著名人が、腕にホワイトバンドをはめて、指をパチンと鳴らすクリッキングフィルムが印象的な「ホワイトバンドキャンペーン」を記憶している人はいるはずだ。このキャンペーンは社会現象にまでなり、一個三〇〇円のホワイトバンドは全国のコンビニを中心に四六五万本も売れた。その仕掛人のひとりがマエキタミヤコさんだ。彼女は環境破壊や貧困といった深刻な社会問題を、クリエイティブの力を有効に使いながら、チャーミングに伝えて解決することを目指している。この「ホワイトバンドキャンペーン」は、寄付を集めることが目的ではなかった。ホワイトバンドを身につけることをきっかけとして、世界の貧困問題に関心を持ってもらい、正しい情報を伝えて啓発し、政策の変更を提言する日本初となるアドボカシー（政策提言）キャンペーンだった。世界のどこかで三秒に一人の子どもが、貧困が原因で命を落としている。「ほっとけない世界のまずしさ」を運動の団体の名前として、かつキャッチフレーズとして使い、人々の心にメッセージを届け、社会への関心を呼び起こす。それが世論をつくり政策を動かす。マエキタさんは政治は社会的なムーブメントから目をそらすことができないと考えている。この「ホワイトバンドキャンペーン」は、結果、当時の小泉内閣を動かして、二兆円の政府援助を決めさせるきっかけとなった。

マエキタさんは、クリエイティブの力を最大限に発揮するため、一流のクリエイターや著名人に協力してもらうことをためらわない。一流のクリエイターにお願いするのに『報酬が高額に決まっている。そんな予算はない』と決めつけないでほしい」とマエキタさんは言う。一流のアーティスト、ミュージシャン、俳優、スポーツマン、デザイナーなどには知性的で、社会的な問題に対する意識

マエキタミヤコ　Miyako Maekita
コピーライター、クリエイティブディレクターとして、一九九七年より、NGOの広告に取り組み、二〇〇二年にソーシャルクリエイティブエージェンシー「サステナ」を設立。「エココロ」を通して、日々、世の中をエコシフトさせるために奔走中。「一〇〇万人のキャンドルナイト」呼びかけ人代表・幹事、「ほっとけない 世界のまずしさ」二〇〇五年キャンペーン実行委員。京都造形芸術大学・東北芸術工科大学客員教授、慶應義塾大学・東京外国語大学・立教大学・上智大学非常勤講師。「フードマイレージ」キャンペーン、「いきものみっけ」、「エネシフジャパン」「グリーンアクティブ、緑の日本」を手がける。

が高い人がたくさんいる。予算がないから協力しないのではなく、その活動に自分が参加する意義さえ持てれば、たとえ報酬は高くなくても協力してくれる。事実、マエキタさんがこれまで手がけたプロジェクトでも、そうそうたる顔ぶれのクリエイターや著名人が非営利で参加している。お金がないから智恵が出る。マエキタさんも、智恵と人脈でこれまでなんとか切り抜けてきた。頭を使ってアイデアを出せば報われることもある。非営利のNGOやNPOの広告の場合は、主旨に賛同すればタレントさんも協力してくれる人がいる。「貧困をなくすキャンペーン、ほっとけない世界のまずしさ『ホワイトバンドキャンペーン』のときだって、みなさん無償での出演でした。お金だけではないお金以外の価値観を持っている人は思っているより多いのです」とマエキタさんは語る。

彼女は長い間大手広告代理店で働いていた。そのときの経験で、メディアを有効に使うことで伝えたいメッセージが、何百倍にも増幅されて社会に伝わることを身にしみて感じた。「ホワイトバンドキャンペーン」も、多くの人がテレビコマーシャルで見たと記憶している。しかし、このキャンペーンは新聞広告を一回と、ボランティアで協力していただいた街頭の大型ビジョンで流しただけだった。クリッキングフィルムのメッセージのかっこよさと著名人の出演が話題となり、テレビのワイドショーやニュースがこぞって取り上げてくれたのだ。その数がすごい量だったので、このキャンペーンを記憶している読者は「テレビコマーシャルで見た」と勘違いしたのだ。マエキタさんは、プロジェクトを企画する際にどうすれば〝ニュース〟になるかを考える。「ホワイトバンドキャンペーン」のようにニュースを提供すれば、何千万円も媒体費を使わなくても社会にメッセージを伝えることができるからだ。現在ではさらに、ソーシャルメディアもできる限り有効に使うようにしている。

クリエイティブの力で五万人を集める

グリーンピース・ジャパンは、二〇〇三年「イラク攻撃やめて」という平和を訴えるデモの呼びかけ団体になっていた。世論調査では、アメリカのイラク攻撃に七割以上の人が反対しているのに、

〔左〕社会現象になったホワイトバンド

3.8ピースパレード行ってみない？ これ持って。
ぬりえピースプラカード
GREENPEACE
グリーンピース・ジャパン
NO WAR
わたしはせんそうに、はんたいです。
米国の対イラク戦争で想定される短期的な犠牲者は25万人（ほとんどが民間人）核兵器が使われれば400万人。イラクは湾岸戦争でも環境が破壊されその一番の被害者はなんの関係もない子どもたちです。いま戦争を防ごうと全世界に反戦の波が広がっています。2/15のピースパレードは60か国600都市で1000万人を越える史上最大規模。これを受けEU緊急首脳会議は「査察継続支持。戦争は避けられる」と明言。ロンドン200万人、ローマ100万人、ベルリン50万人、ニューヨーク38万人、パリ20万人。トウキョウ5000人（すくなっ）。日本も今度のどようび、3/8、東京日比谷公園でやります。小泉首相の発言をピースフルにするためにも、ぜひ来てください。このぬりえピースプラカード、色ぬって、持ってきてね。
せんそうは最大の環境破壊だ。グリーンピース・ジャパン
War is the greatest environmental catastrophe of all.
3.8.sat. WORLD PEACE NOW in 日比谷 Hibiya
3/8ピースパレードは大阪、愛知、札幌などでも予定されています。くわしくはhttp://www.greenpeace.or.jpで。
日比谷野外大音楽堂からスタートします Hibiya Yagai-Dai-Ongakudo in Hibiya Park （日比谷線 千代田線「日比谷駅」下車徒歩約3分）
13:00開場 Gates open 14:00ピースラリー（集会）Rally starts 15:30ピースパレード出発（日比谷から銀座へ歩きます）Parade starts for Ginza
アクション1.ピースパレードに行こう～はじめてのピースパレード入門～
ファッション 好きなかっこうでOK。テーマはもちろんピースフル。
よういするもの 色ぬったこのぬりえピースプラカード。ほかにケータイ、デジカメ、お弁当、楽器なんかあるとゴキゲン。友だちに実況中継したり、ビジュアル撮ったり、あたらしい出会いが生まれるかも?! ゴミは持ちかえろう。ピースプラカードはとっておこう。またピースパレードに行くときに使えます。
ぬりえピースプラカードのつくりかた例
① いろをぬる
② 点線にそって切る
③ 段ボールなど厚紙を同じ大きさに切って貼る
④ 裏に壊れた傘とかをガムテープでとめる
⑤ できた、さあこれで世界に平和をアピールだ
アクション2.ホームページからサイバーアクションに参加しよう。どのケータイからも入れます。

「戦争反対」と「日本政府は米国政府のイラク攻撃を支持しないでください」の2つの意志を、小泉首相と川口外相と国会議員さんたちに送ろう。やりかた）http://www.greenpeace.or.jpにアクセス、をクリック、空欄をうめて「メール作成」をクリック。ファックスの場合は「私は戦争に反対です。日本政府は米国政府のイラク攻撃を支持しないでください。」と書き、名前と住所とFax番号も書いて、Fax.03-5338-9817まで送ってください。

NO WAR
わたしはせんそうに、はんたいです。
NO WAR
わたしはせんそうに、はんたいです。
NO WAR
わたしはせんそうに、はんたいです。
イラク攻
NO
NO

NO WAR
わたしはせんそうに、はんたいです。
ぬりえピースプラカード
NO WAR
わたしはせんそうに、はんたいです。
せんそうは最大の環境破壊だ。グリーンピース・ジャパン
War, it is the worst destruction for environment.
WORLD PEACE

WAR
わたしはせんそうに、はんたいです。
NO
NO WAR
NO WAR
NO WAR
NO
イラク攻撃
ExxonMobil

実際に日本で平和デモに参加する人は五〇〇〇人程度しかいなかった。日本人は欧米に比べると、モラルやマナーは素晴らしいのだが、自分の考えを行動で示すことが余り得意ではなかったのだろうか。ある日、テレビの街頭インタビューで、おばさんがデモに参加しない理由を「だって誘われていないんだもの」と答えているのを見た。そこでマエキタさんは、だったら誘えばいいんだなと思った。それが「ぬりえピースプラカード」広告だ。グリーンピースが新聞を使って広告を出すことにしたので、「NO WAR」と大きな文字がシンプルな線で描かれた広告を制作した。その広告には「これに色を塗って、プラカードにして平和デモに参加してください」とメッセージが書いてあった。朝日新聞の購読者八六〇万人をデモに誘う、参加型のユニークな反戦広告だ。

これがすごい反響で、その日の平和デモの参加者は、なんと五万人に膨れ上がった。五〇〇〇人が五万人になったのだから一〇倍だ。たくさんの人々が、新聞広告に思い思いの色を塗ったプラカードを持って、デモに参加してくれていた。マエキタさんが、デモに参加すると「うちの子どもが塗ったのよ」と楽しそうに歩いている人に出会った。偶然にも帰りの電車で、隣に座った見知らぬ人から「あなた、今朝の朝刊見た?」と話しかけられたのにはマエキタさんも驚いた。特に感激したのは、ある修道院でのエピソードだった。寝たきりの老齢の修道院長に、シスターたちがこの広告を持って行ったところ、「たしかに私にも色を塗るくらいだったらできるわね」とベッドで色を塗ってくれたそうだ。シスターたちは、そのプラカードを持って「私たちはビッグシスターと共に歩いているのです」と言ってデモに参加してくれた。マエキタさんは、このキャンペーンを通じて人々の持つ力とクリエイティブのアイデアの力を改めて感じたと言う。

でんきを消してスローな夜を

「一〇〇万人のキャンドルナイト」は、二〇〇二年の夏至、六月二十二日の夜八時からスタートした。メッセージは、「みんなでいっせいにでんきを消しましょう。ロウソクのひかりで子どもに絵本を読んであげるのもいいでしょう。しずかに恋人と食事をするのもいいでしょう。ある人は省

〔前ページ・右〕NO WAR「ぬりえピースプラカード」の新聞広告〔前ページ・左〕新聞広告に想い想いの色を塗って、平和デモに参加した人々
〔左ページ・上〕一〇〇万人のキャンドルナイト・二〇〇八年夏至メインビジュアル〔左ページ・中〕二〇〇七年夏至メインビジュアル〔左ページ・下〕二〇〇六年冬至メインビジュアル

エネを、ある人は平和を、ある人は世界のいろいろな場所で生きる人びとのことを思いながら」だった。〝スロー〟という言語が社会に広がったのもこのキャンペーンによる影響が大きい。過剰に消費することに麻痺してしまっている現代社会。いったん立ち止まって、本質的な豊かさを静かに考える時間を持ってもらいたい。文明の未来に思いを馳せる時間を持ってもらいたい。ロウソクのやさしく表情豊かな灯りを見ながら、世界のことや家族のことをスローに考えてみよう。メッセージや思想を押しつけるのではなく、チャーミングな表現によって、行動を促して大切なことを考えたり対話するきっかけをつくる。いかにもマエキタさんらしいコミュニケーションである。

灯りを消すことは暗闇ではなく、大切な価値に気づくきっかけになることを、ポジティブでチャーミングに伝えるための努力をここでも行っている。従来のNGOや行政の広告は「地味でぱっとしないもの」というイメージが当たり前だった。このキャンペーンは、たくさんの若い人に共感してもらい、参加をしてほしいと考えた。マエキタさんはできるだけネガティブなアプローチは、使わないようにした。ネガティブに「無駄に電気を使うことはやめよう!」と訴えても誰も振り向いてくれないし、共感もしてもらえない。共感を生み、行動を促すには、自分事として感じてもらえるようなコミュニケーションアイデアが必要だ。それから、明るくポジティブな世界感も大切である。メジャー感を出すようにビジュアルもコントロールして、キャンペーンが社会に開かれているイメージをつくることが、運動を大きくするためのコツである。「だって、楽しくてかっこいい方がみんな参加したくなるよね」とマエキタさんは笑顔で語る。マエキタさんは、自然を壊さない。化学物質を使わない。豊かな自然の中で、安心して生活ができる社会を目指している。この「一〇〇万人のキャンドルナイト」でも、表現を、Candle JUNEさんのキャンドルアートや可愛いモデルを使いながら、明るく魅力的なビジュアルやコピーで伝える工夫を行っている。

政治家を巻き込んで脱原発

東日本大震災により、東京電力福島第一原発が爆発して、人類史上最悪の被害をもたらした。こ

〔マエキタミヤコからのメッセージ〕
とにかく、へこたれないこと。この本やプロジェクトの事例を読むと、みんな簡単にできるような勘違いをする。そりゃ失敗例を集めた本は、なかなかないからね。私もプロジェクトを始めるときには、よく「やめときなよ」とか「無理でしょう」と言われることがほとんど。あなたが何か始める際には、まず仲間や賛同者を探すと良いと思います。三人や四人に聞いてみて、理解者が見つからなくてもひるまないこと。世の中にない新しいことを始めようとしているのだから、理解をしてもらうのが難しいのは当たり前。一〇人目、二〇人目に理解者が現れるかも知れないので、へこたれないこと。バッシングを受けても、同じ数だけの理解者がどこかで見守っていると信じて前に進むこと。ソーシャルプロジェクトは大変だとは言わない。楽しいから。その見返りはもっと大きいよ!

の事故の放射能により、多くの人が故郷を失った。事故から一年半たった現在でも、ほとんどの問題が解決に至ってない。それでも、国や東京電力は原子力発電を継続させようとしている。社会的に大きな影響力を持つ電力会社の起こした事故だったので、本来正しい情報を伝えなければならないメディアでさえも、事故当初は原発事故のネガティブな報道をできるだけ控えていた。国民は真実を知る権利を失いかけていた。環境問題に対してさまざまな活動を行ってきたマエキタさんは、事故直後に強い危機感を抱いた。このままでは今回の事故が何の教訓にもならなくなってしまう。事故が起きた原因の解明や今後の自然エネルギーを使った、安全な電力の可能性にさえも蓋をされてしまうと思った。原発にも石油石炭天然ガスにも頼らない日本をつくろう。自然エネルギーへシフトして、安心安全な社会にするために「エネシフジャパン」を同じ志の人たちと立ち上げた。

「エネシフジャパン」は政治家のホームグランドである衆議院、参議院の議員会館で、国民と超党派議員の合同勉強会を数多く行っている。ここでも会場を市民と政治家の声が一番混ざりやすいところでやろうとするあたりが、マエキタさんのすごいところである。正しい情報を知るために、御用学者ではないトップクラスの原子力や自然エネルギーの専門家、環境学者、被災者などを招聘し、さまざまな視点からの勉強会を国民と政治家の両方のために何十回も行っている。無知による間違った判断を政治家と国民がしないよう、日本が安全な自然エネルギーを選択するまで彼女は活動を続けていくと語る。二〇一二年から政治団体〝緑の日本〟の代表にもなっている。「エネシフジャパン」の呼びかけ人には、政治家の加藤紘一、福島みずほ、亀井静香や、著名人では坂本龍一、茂木健一郎、孫正義、SUGIZOなどに加わってもらっている。これまで彼女が手がけた数々のプロジェクトは、社会に大きな影響を与えてきた。「エネシフジャパン」もきっと、日本を安全な自然エネルギーへシフトさせるきっかけになるであろう。

（左）第十五回「核燃料サイクル再考」二〇一二年一月十九日　フランク・フォンヒッペル（IPFM 国際核分裂性物質パネル共同議長）、ゴードン・トンプソン（IPFM 国際核分裂性物質パネルメンバー、IRSS 資源・安全保障問題研究所所長）

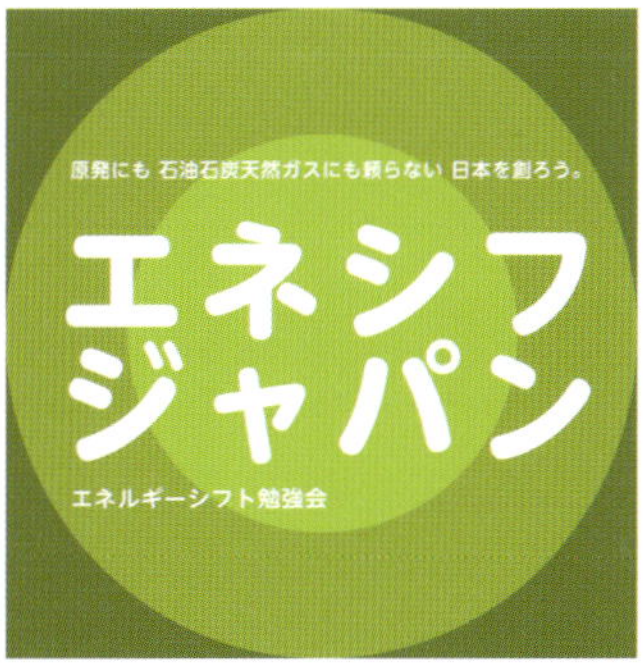

08

一次産業×デザイン＝風景　梅原 真

一次産業にデザインをかけ合わせて「あたらしい価値」をつくる。

高知県四万十町十和は、梅原流デザインの原点でもある。梅原さんは二十九歳でテレビ美術の会社を辞めて、アメリカを放浪する。三〇歳で梅原デザインを設立して、がむしゃらに仕事をした。三十九歳のとき、仕事で十和村総合振興計画策定の依頼があった。地方は自分のものさしを持っていない。いつも国のものさしに翻弄されている。振興計画は十和の自分自身のモノサシづくりだと考えて、「十和ものさし」を作成した。復興計画の中には、沈下橋を壊して大きな橋に架け替える計画も含まれていた。梅原さんは、沈下橋は四万十川独自の大切な文化財産だと思っていた。何かが変だと感じた。梅原さん自身も本当の価値を見つめ直すために、四万十川の沈下橋を渡った不便な土地に移り住むことにした。台風などで水かさが増すと、沈下橋は何日も対岸に渡れなくなる。日常に必要な物もまったく手に入らなくなる。そこに五年間暮らして、人が生きていくために大切な価値をじっくり考え、体でも感じた。洪水で渡れなくなる沈下橋を不便と思うのではなく、ここでしか手に入らない時間と風景が大切なのだと理解した。筆者も取材のために高知へ行き、四万十川の沈下橋のある風景を見てきた。自然を破壊せず、自然に逆らうことなく設計された沈下橋は、人工物であっても四万十川の美しい風景の一部になっていた。自然に対して謙虚なデザインだと感じた。

売れる言葉を生み出す

梅原流の「一次産業にデザインをかけ合わせて『あたらしい価値をつくる』」とは、ネーミングや売り方までもデザインし、依頼人でさえも気がついていない価値を発見して、デザインにより可視化することである。ローカルが感じているマイナスこそ個性であり、都会にはない豊かさである

梅原 真　Makoto Umebara

高知市生まれ。デザイナー。一九七二年高知放送プロダクション入社。テレビ美術担当。スペイン、アメリカ遊学後一九八〇年梅原デザイン事務所主宰。デザインを一次産業再生のために使いたいと、一九八八年高知県土佐賀町でかつお一本釣り漁業再生のため「土佐一本釣り・藁焼きたたき」をプロデュース。八年間で二〇億円の産業を作り出す。一九八九年高知県大方町で四キロメートルの砂浜を巨大なミュージアムに見たてる「砂浜美術館」をプロデュース。一、〇〇〇枚のTシャツが砂浜で「ひらひら」する風景を作る。一九九五年～（株）四万十ドラマのプロデュース。「四万十のひのき風呂」「しまんと紅茶」「しまんと地栗」などの商品開発をベースに、流域の産業を再生する。二〇〇五年、四万十川流域で販売するものはすべて古新聞で包もう！をコンセプトに「しまんと新聞バッグ」をプロデュース。ベルギーをはじめ世界に展開。現在 TOHOKU 新聞バッグ PROJECT 進行中。

と梅原さんは断言する。梅原さんは土佐の「オトコ」である。常に物事の本質をヅカリと掴みとる。まっすぐで豪快に見える梅原流デザインは、よく観察すると言葉の力を実に大切にしている。さらにスパイスとして、ユーモアも巧みに利用している。この「オトコ」のデザインによって、どれほどの一次産業が命拾いしたことだろう。

「おいしそうに見えんとあかんでしょう」と梅原さんは語る。なるほど、説得力がある。梅原さんの仕事を眺めてみると言葉がすごい。ツボの押え方が大胆で、人の心を掴むのがうまい。たとえば、「漁師が釣って漁師が焼いた『一本釣り、藁焼きたたき』」、「島じゃ常識『さざえカレー』」、『いせ、てぼり、あさり』ぷりぷり」、「土佐塩アイス『天日塩』」など聞いているだけでヨダレが出てくる。梅原さんは、仕事を引き受けると依頼人と徹底的に話し合う。ローカルはマイナスではなく個性であると伝える。「東京にあってローカルにない」ではなく、「東京になくてローカルにある」財産を見つけ出すのだ。たくさんの質問を繰り返し、その中で依頼人さえも気がついていない、その土地にしかない価値を探し出す。ときには依頼人の個性や生き方をも掴み出す。それと同時に何度も魅力が見えてくるまでその場所に通いつめる。四万十川の場合は、五年間も住み着いてしまったのだから徹底している。そうした中から発見した言葉をどのように組み合わせれば、理解しやすく、心に残るキャッチフレーズになるか時間をかけて考える。梅原さんの人柄にも関係しているが、余計な形容詞を捨てて、真実だけを目の前に突き出す。決して媚びたり、自慢したりしない。出された方は、その正直さを信じこんでしまう。食べてみたくなってしまうのだ。ちょっと行ってみたくなるのだ。

二〇億を生み出すデザイン

あるとき、一人の漁師が梅原さんのところにやって来た。「このままでは船がつぶれる。力を貸してほしい！」このところ漁獲高の低迷で鰹漁船はどんどん廃船していく。一本一本丁寧に釣った鰹の値段はセリによって買い手に決められてしまう。「漁師が自分自身で値を付けられる漁業にしたい」と大きな声で訴えてきた。そういえば子どもの頃、家のばあちゃんは藁や炭俵をほどいて、それを使ってたたきを焼いていた。藁はストロー状で酸素を含み、強い火力で、表面だけを焼いてくれる。土佐佐賀の港町は田舎なので、お百姓さんから簡単に藁を調達できる。これが都会だと藁のストックだけでもかなりのコストがかかってしまう。田舎の個性、地の利にあったものづくりが大切である。梅原さんがデザインを考える際に気をつけていることがある。あまりデザインをしないこと。一次産業の現場にデザインが入りすぎると、何か違うものになる。要するに、うまそうに見えなくなるのだ。依頼人と話をしていたら「漁師が釣って、漁師が焼いた」という言葉が素直に浮かんだ。漁師が釣った魚を、漁師が焼いているイメージが一番うまそうに思えた。電話注文に対応するオペレーターも地元のお姉さんたちだ。彼女たちにも「土佐の言葉でしゃべろう！」とディレクションした。また、DMもわざと藁半紙に「初鰹がとれ始めました」とマジックで大胆に書いたりした。このあたりも「おいしそうに見せる」梅原流のデザインだ。一本一本丁寧にカツオを釣る。ガスではなく、手間のかかる藁で焼く。競りに出さず、自分たちで商品にして販売する。「ないものは個性だと考えてみる」と梅原さんは語る。梅原さんは、一次産業にデザインをかけ合わせる。それにより、新しい価値が生まれる。新しい価値は経済になる。経済がうまくいけばその一次産業は生きのびる。そして大切な風景が残ると考える。

シマントジグリ

今は四万十町となったが、旧十和村は日本有数の栗の生産地であった。しかし、中国産に押され価格は下がり、衰弱した産業になった。さらに高齢化が拍車をかけ、山は荒れてしまった。地鶏、地酒は聞くが「地栗」は聞いたことがない。「ジグリ」と聞くと、何だか旨そうな気がする。この違和感がコミュニケーションデザインの素となると言う。「しまんと地栗」。地元に元々あった「栗の渋皮煮」である。渋皮はベタベタするので、外に出して一つ一つ乾燥させれば「SHIBUKAWA DRY シブカワドライ」が出来上がる。その他にも地栗ペースト、渋皮煮などを開発。ローテクだが立派な商品開発である。山の資源が、「地」の匂いをさせながら、ややハイカラな商品となって

〔1〕漁師が釣って漁師が焼いた『一本釣り、藁焼きたたき』〔2〕島じゃ常識『さざえカレー』〔3〕高知アイス『天日塩』〔4〕『いせ、てぼり、あさり』ぷりぷり〔5〕四万十川の沈下橋

1	3
2	4
5	

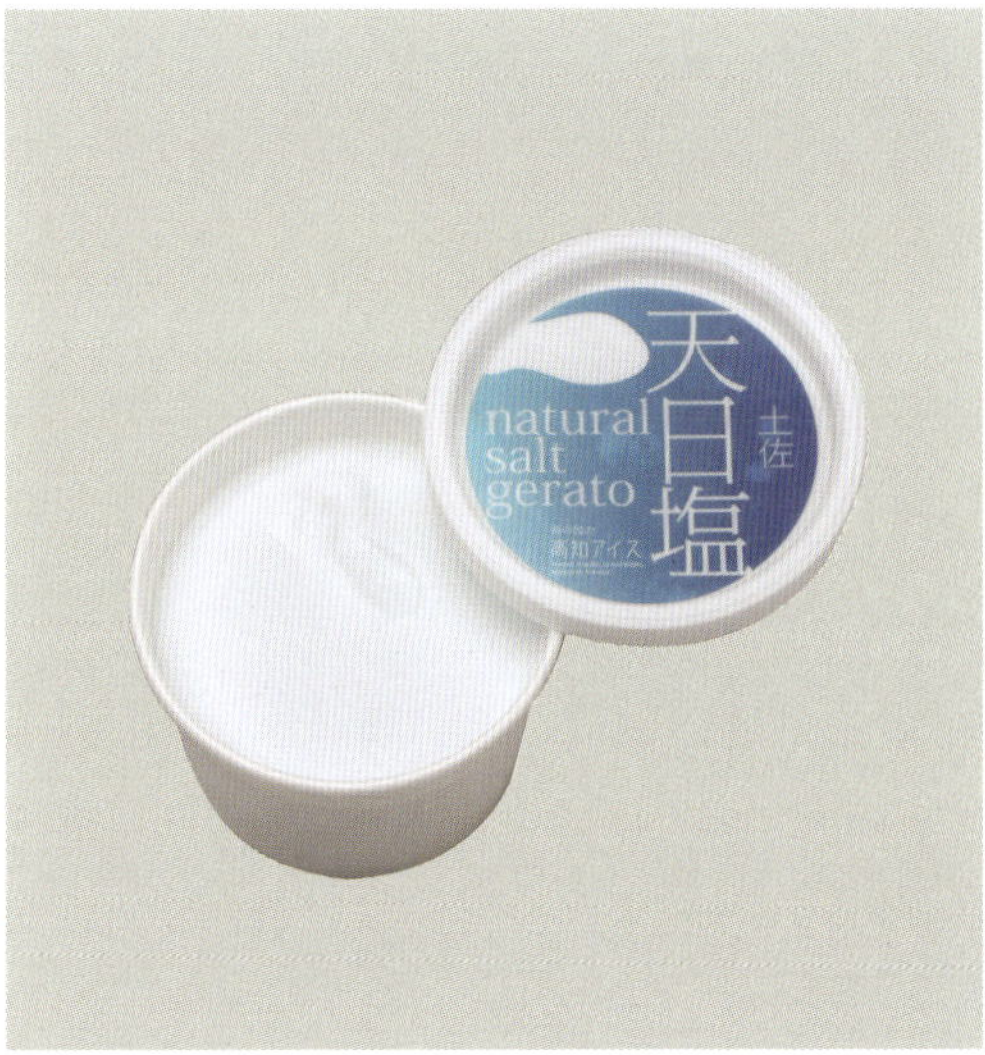
天日塩
土佐
natural salt gerato
高知アイス

土佐
海幸

伊勢
あさり
すぐ調理できる
手掘り

島じゃ常識
隠岐島
海士町
あまちょう
さざえカレー
SAZAE CURRY
200g/1人前

街に出ていけば、山は生き返る。

この「しまんと地栗」を作っている（株）四万十ドラマ社長の畦地履正さんは、梅原さんと出会った頃は農協の職員だった。酒を飲んでいたときに「農協っておかしい、やめてまえ」と、冗談まじりで言ったらほんとに半年後に辞めてしまった。ときは流れ、畦地さんは（株）四万十ドラマの社長になった。現在では、道の駅「四万十とおわ」の運営が大成功、全国から地域ビジネスのお手本として視察が相次いでいる。

四万十から世界へ

梅原さんは畦地さんと一緒にさまざまな商品を生み出している。二〇〇四年に古新聞を使った究極のエコバッグ「伊藤式四万十の新聞バッグ」を開発した。ビニール袋は、捨てられてゴミになり、四万十川を汚す。新聞はたとえ捨てられても、すぐに土に帰る。伊藤のおばちゃんが折り方を工夫して、丈夫でオシャレな新聞バッグが生まれた。さらに伊藤さんは、新作デザインをどんどん発表した。ウワサは世界に広まり、アメリカからも注文があり、ボストンの美術館にも置かれた。ベルギーでは、二〇一一年に日刊紙「De Morgen」が九月に毎週一回、見開きの紙面に著名なデザイナーによる新聞バッグ用のデザインを紹介した。別のページには新聞バッグの作り方も紹介され、四週にわたって掲載された。同時に専用紙面を使って、購読者が折った新聞バッグのコンクールも開催された。日本の「おりがみ文化」と「もったいない文化」が海を渡り、世界にメッセージを発信した。

さらに梅原さんは、新聞バッグを使って被災地の東北に仕事を創出するために動き始めている。新聞バッグであれば、材料費はほとんどかからないし、仮設住宅などでも簡単に作ることができるからだ。これを大手小売業のショッピングバッグや銀行のノベルティーとして使ってもらう計画だ。

ヒラヒラしてます砂浜美術館

高知県黒潮町には四キロに渡って美しい砂浜が続いている。梅原さんはあるとき、Tシャツに写真

〔1・2〕一本釣り、藁焼きたたき〔3・4〕しまんと地栗〔5・6・7〕四万十新聞バッグ〔8〕高知アイス『ゆずシャーベット』

5	1
6	2
7	3
8	4

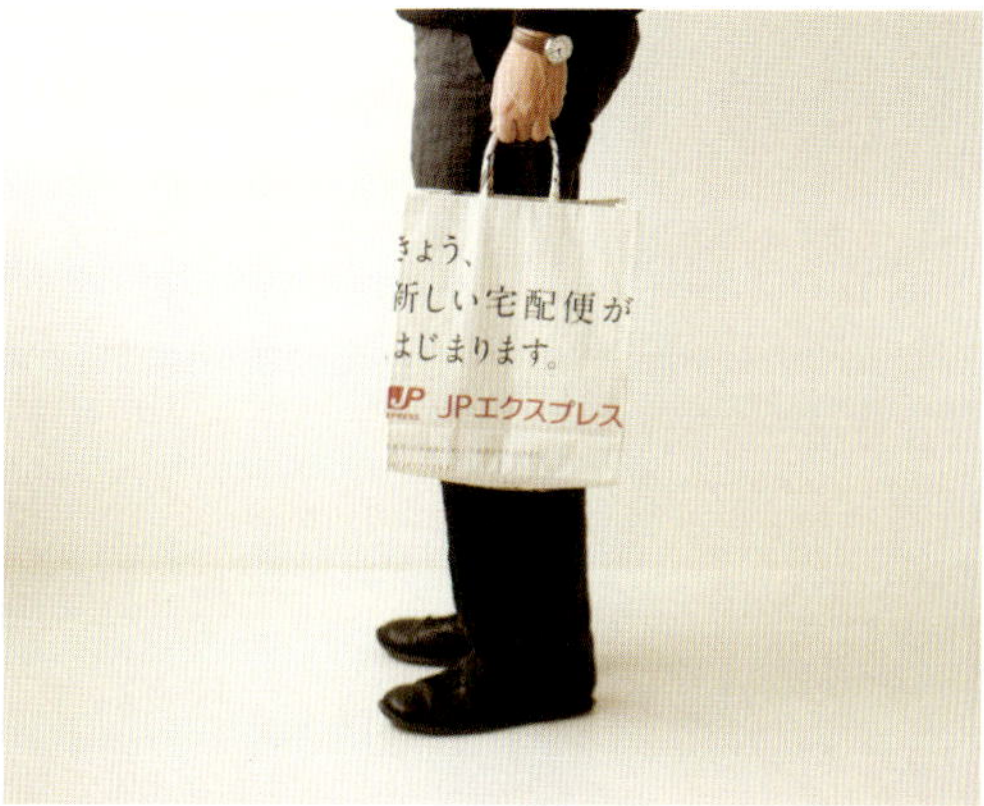
きょう、
新しい宅配便が
はじまります。
JPエクスプレス

四万十川
新聞バッグ
の作り方
sports
Nakamura-led Japan beats Bahrain

明神水産の
新工場が
落成いたしました。
一本釣り
藁焼きたたき

Made in 土佐
ゆず
sorbet
HAND MADE SORBET.
NATURAL FRUITS.
SUN SUN TOSA [YUZU]

SHIMANTO
地栗
しまんと

のプリントができることを知り、黒潮町の美しい砂浜に何千枚ものTシャツがひらひらとなびいている風景を妄想した。その風景を実現させたいと思い、企画書を作って知り合いの黒潮町の職員に見せた。「私たちの町には美術館がありません。美しい砂浜が美術館です」。それを見た企画調整課の松本敏郎さんと教育委員会の畦地和也さんは、大胆な提案に驚きながらもこの企画を実現させるために動き出した。一九八八年に一〇〇枚のTシャツから砂浜美術館はスタートした。時代はバブルのまっただ中。大規模なリゾート計画が持ちあがり、梅原さんは大反対したが、誰も聞く耳を持っていなかった。そのうちバブルが崩壊して、リゾート計画は消えてしまい美しい砂浜は残った。リゾート開発に反対するために始めたわけではなかったが、結果的に梅原さんの価値観が残った。今ある自然環境を残したままで、構造物は造らない新しいかたちの「町おこし」は海を越えてモンゴルでも開催され、二〇一二年には復興支援活動として「気仙沼Tシャツアート展」も行った。今では三〇〇〇枚のTシャツが、美しい砂浜でひらひらしている。砂浜美術館は、「潮風キルト展」、「らっきょうの花見」、「漂流物展」、「はだしのランナーマラソン大会」など年間を通して、さまざまなイベントが開催されるまでに成長している。マイナスから新しい価値を生むとはまさにこのことだ。全国の書店で販売している観光ガイドに「砂浜美術館」として紹介されている。ほとんどお金を使うことなく、デザイナーが観光スポットを生み出したのは、梅原さんしかいないだろう。

風景の見える塩アイス

梅原さんがデザインをするとなぜ売れるのか？梅原さんは風景という言葉をよく使う。「高知の天日塩アイス」と聞くと、確かにその場所の風景を想像することができる。風景が浮かんでくると、そこでしか味わえない特別な物のような気がしてくる。ある日、高知アイスという会社の社長さんと奥さんが訪ねてきた。一〇年ほど冷菓の会社を経営してきたが、なかなか売り上げが伸びない。持ってきた商品を食べてみると、味は悪くない。売れない理由はすぐにわかった。梅原さんは『『こころあたたまるアイスです』なんてパンフレットに書いてあるから売れないのだ」と告げた。「土

〔梅原 真からのメッセージ〕
しんどいシチュエーションだからこそアイデアが生まれるし、新しい価値を生むきっかけになる。もし、アイデアを思い着いたときに、妄想がどんどん広がらないようだったらボツにしたほうが良い。新聞バッグを思いついたときには、すぐに四万十川全部を新聞で包もうと考えた。新聞は世界中にある。それなら、パリでもニューヨークでもいけるぞ。「新聞エコバッグ」は、「四万十川全部を新聞紙で包む」といった妄想になり、「地球を新聞紙で包もう」への大妄想に変わっていった。それから、いろんな人とぶち当たってほしい。出会うのではなく、ぶち当たってホンネを真剣にぶつけ合うと本当の人間関係が生まれる。そうして生まれた人間関係は、人生の大切な財産になるし、次の出会いにつながる。なるべくたくさんの人とぶち当たれ！

佐佐賀町出身なら、地元に天日で作っている塩があるだろう。『天日塩アイス』だ！」とアドバイスした。確かに天日塩と言われると、美しい風景の中で海水をのんびり天日に当てている情景が浮かんでくる。何やら特別な塩味のアイスを食べてみたくなってしまう。これが梅原流の「その場所でなければ、生み出すことができないデザイン」の秘訣なのかもしれない。もちろんこの商品は高知アイスのロングヒット商品になっている。

　梅原さんがデザインするとすべてヒットしているように思われる。失敗したことはないのかと質問をしてみた。普通のデザイナーなら、デザインを納品するとそれでおしまいである。しかし、梅原さんの所にやって来る依頼人は、崖っぷちに立っている人がほとんどだ。つまり、ほおっては置けないのだ。「うまく売れない」と向こうもまたやって来るし、梅原さんも性格的に面倒を見続ける。あれやこれや解決策を一緒になって考える。うまくいくまでお金はないからもらえない。つまり、何とかなるまで諦めないのである。梅原さんは最後にこう締めくくってくれた。「デザイナーとは問題解決をする人である」。

〔上〕砂浜美術館・Tシャツアート展　〔中〕砂浜美術館・漂流物展　〔下〕砂浜美術館・らっきょうの花見

09 hakuhodo＋design 永井一史

「美しく暮らす」社会の実現を目指し、デザインで考え、デザインで行動する。

ＡＤＣ賞グランプリ、毎日デザイン賞、クリエイター・オブ・ザ・イヤーをはじめ数々の賞を総なめにし、二〇〇三年には HAKUHODO DESIGN を設立。日本の広告界に本格的なブランディングを持ち込んだリーダーとしても有名で、「広告業界のプリンス」と呼ばれているのが、永井一史さんだ。広告、デザインで頂点を極めた永井さんが、ソーシャルデザインに対して精力的に活動を行っている。本書の巻頭対談でも紹介している「ユニセフ祈りのツリープロジェクト」でも、世話人として重要な役割を果たしている。なぜ、永井さんはソーシャルデザインへ向かう必要があったのか。筆者はそれを知りたいと思った。

クリエイティブ・ボランティアやります

二〇〇五年に雑誌「広告批評」の環境をテーマとした特集で、有名デザイナーやクリエイターが自由にエコ広告を表現する企画があった。永井さんは、単なる表現合戦に終わってしまってはこのテーマに対して正しい答えが出せないと感じた。そこで「クリエイティブ・ボランティアやります」といった募集広告を制作して掲載した。今でこそ、こうした行為は「プロボノ」と呼ばれているが、当時としてはかなり思い切った企画だった。募集に対して四件のＮＰＯから応募があった。それぞれの要望に対して答えを提案したが、その中に「環境ダイナマイト」というネーミングがついた、三井住友銀行や環境省などが主催の官民協働事業プロジェクトがあった。プロジェクトの趣旨とネーミングに少しズレがあったので、新しく「eco japan cup」のネーミングとシンボルマーク、ポスターなどを提案した。ＮＰＯの人々と、初めて直接コミュニケーションをとってみて、社会的

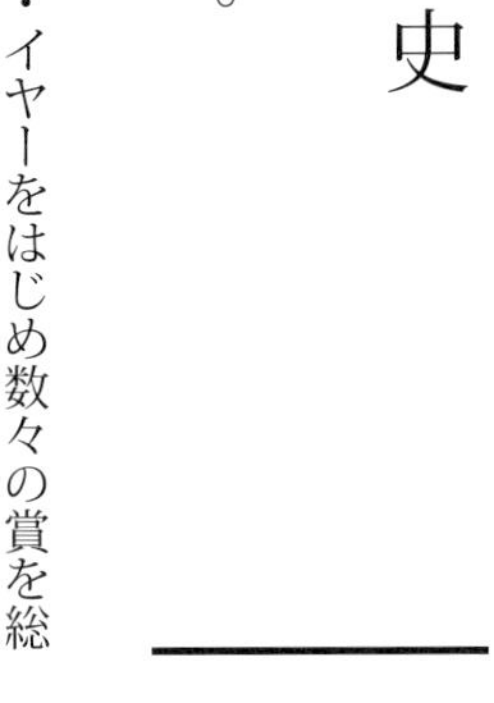

永井一史 Kazufumi Nagai
HAKUHODO DESIGN 代表取締役社長／アートディレクター 一九六一年生まれ。一九八五年多摩美術大学卒業後、博報堂入社。二〇〇三年トータルにブランディングを手がける、㈱HAKUHODO DESIGN を設立。二〇〇七年デザインを通じてソーシャルイシューの解決支援に取り組む活動を手がける、Hakuhodo+design プロジェクトを主宰。二〇〇八年から三年間、雑誌「広告」編集長を務める。主な仕事に、サントリー「伊右衛門」、資生堂「企業広告」、日本郵政「民営化キャンペーン」など。

な問題を自分事として考える機会を得たと感じた。そこで気がついたのは、ソーシャルな領域でも仕事の進め方は企業の広告と同じということ。取り上げるテーマと課題を深く理解し、鍵になるビジュアルとメッセージを作り上げて、コミュニケーション力のある広告に仕上げる一連の手続きは、日常的に行ってきた仕事となんら変わりがないことを知った。

永井さんがソーシャルデザインに興味を持ったきっかけは、二〇〇〇年にまで遡る。雑誌「広告」の企画ページでＷＷＦ（世界自然保護基金）の広告を、ボランティアで二年間にわたって制作していた。ある講演会で、自分自身の作品の解説を終えた後に懇親会があり、その席で一人の学生が「ＷＷＦの広告に感動しました。涙が出そうになりました」と語ってくれた。その当時は、正直言ってアートディレクターとしての立場からもっぱら純粋な表現を追求していて、社会問題に対する意識はそれほど持ち合わせていなかった。講演でも通常の広告作品を中心に話をしたのに、「ソーシャルなテーマは人の心に響く力がある」という経験をした。「広告批評」のクリエイティブ・ボランティアの経験をした頃から、環境問題や持続可能な社会を真剣に考えることへのムーヴメントが社会でかなり高まっていた。永井さんも自らアクションを始めなければいけないと強く感じた。デザインの扱う領域は、さまざまな世界へと広がっている。自分の知らないソーシャルデザインの可能性を探求してみたいと考えた永井さんは、博報堂のクリエイティブだけではなく、すべてのセクションへ声をかけた。呼びかけに対して、現在も共に活動を続けている原節子、片平真実、筧裕介をはじめとする八名が集まり、「hakuhodo＋design」が誕生した。

「美しく暮らす」ためのデザイン

「hakuhodo＋design」は、永井さんをリーダーに、社会的課題の解決および新たな生活提案に向けて、広義のデザインの持つ可能性を研究し実践していく博報堂の社内プロジェクトである。従来の広告・マーケティングにとどまらない、「デザイン」の意義を刷新する領域横断的なアプローチを目指している。豊かと言われる日本も、身の周りに目を向けてみるだけでも、たくさんの問題を抱えていることに気がつく。時代の成熟に伴って人々が美しいモノやコトに触れる機会も増え、感性のレベルが上がってきているはずなのに、モノの選択を支えるライフスタイルや価値観が十分に成熟していない。デザインの力で生活者一人一人の意識や行動に変化を起こすことができれば、世の中がもう少し美しく、良くなる可能性があるのではないか。「hakuhodo＋design」は、「美しく暮らす」社会の実現を目指すことを掲げた。

「美しく暮らす」の「美しく」には二つの意味が込められている。一つは豊かに暮らすこと。生活者一人一人の感性が磨かれ、美的で質の高いものが選択された生活は、物質的な側面だけでなく精神的にも豊かな生活と言える。もう一つは正しく暮らすこと。個人の欲求ばかり追求しても、精神は満たされない。人は一人では生きられないから日本や世界、地球の抱えるたくさんの課題と真剣に向き合い、個人が正しく生きる社会の実現を目指すこと。「hakuhodo＋design」のステートメントとなっている、「デザインで考え、デザインで行動する」を具現化するために、「TAP PROJECT」、「震災＋design」、「＋design の視点」のプロジェクトを立ち上げた。永井さんは全体の統括リーダーとして、それぞれのプロジェクトに関わっている。

新しい寄付のシステム「TAP PROJECT」

二〇〇七年に国際審査員としてイギリスに渡った際、デビッド・ドロガーの立ち上げようとしている「TAP PROJECT」を知る。このプロジェクトは、まさに「hakuhodo＋design」が掲げるテーマとぴったり重なるものだった。このプロジェクトを日本でも実行したいと思った。クリエイターは、普段の仕事でオリジナルにこだわることが大切だが、ソーシャルプロジェクトの場合はその限りではない。ソーシャルプロジェクトのミッションは、社会問題を解決に導いたり、変革することがゴールなので、過程やオリジナルにこだわるよりも結果を大切にすべきと永井さんは語る。世界では、汚れた水と衛生環境が原因で毎日二〇〇〇人を超える子どもの命が奪われている。日本では、蛇口をひねれば当たり前のように出てくる清潔で安全な水。「TAP PROJECT」は、私たちが毎日飲

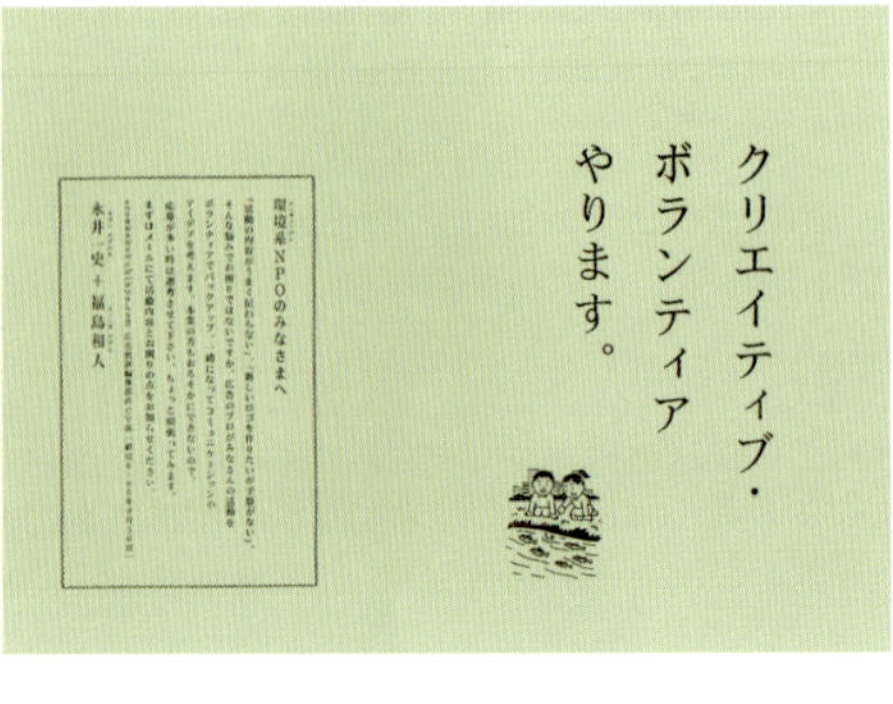

〔右ページ〕雑誌「広告批評」に掲載した募集広告〔左ページ〕雑誌「広告」に掲載したWWFの広告

んでいるコップ一杯の水で、世界の子どもたちを一人でも多く守ることを目指している。「TAP PROJECT」は世界中の子どもたちが「清潔で安全な水」を使えるよう、日本ユニセフ協会と取り組んでいるプロジェクトだ。このプロジェクトに協力しているレストランに行くと、清潔で安全な水と共にプロジェクトの趣旨が書かれたカードがテーブルに置かれる。清潔で安全な水と美味しい食事を楽しんだ後に、テーブルカードの上にチップのように募金を置いていただくシステムになっている。レストランによって環境が異なるので、専用の募金箱に入れていただく場合もある。二〇〇九年に始まったプロジェクトは、三〇〇店のレストランに賛同してもらえた。二〇一〇年には、参加レストランも一一〇〇店に拡大して、二年間で二五〇〇万円を超える募金を集めることができた。集められた募金は、マダガスカルに井戸や清潔なトイレを設置するために使われている。

　しかし、発足当時から話題になったプロジェクトの舞台裏では、これまで永井さんが経験したことのない苦労もあった。メンバーとの打ち合わせはいつも、会社の業務への影響を考え、朝八時から始めた。多忙を極める二〇名のメンバーが半年にわたって自主的に集り、真剣にディスカッションしている様子は「感慨深いものであった」と永井さんは振り返る。普段の広告の仕事では予算があり、それを実行するための専門のスタッフがいる。しかし、「TAP PROJECT」の場合、予算はゼロ。個人的な知り合いや会社関係のつながりを探して協力のお願いに行くしかない。自分たちで汗をかいて、プロジェクトを社会に知ってもらうしかないのだ。永井さんも雑誌社やテレビ局など、一つ一つ頭を下げてお願いに回った。慣れないことではあったが、お願いをした方々はプロジェクトの趣旨を理解して、協力を約束してくれた。社会的に意義のあることなら、一生懸命活動すれば理解者や協力者があらわれ、人と人をつないでいく。永井さんは「これまでにはない貴重な経験だった」とそのときのことを振り返る。また、ウェブなどを通じた日本独自のコミュニケーションも充実させた。たとえば、水の入ったグラスで音階を奏でるウォーターベルを使って作曲や演奏ができるというウェブ企画。そのサイトに来て作曲すると、一曲につき一〇円が寄付される。水の入ったコップをたたくマダガスカルの子どもたちの写真を見ながら、自分の作曲した曲を聴くことで、現地の

子どもたちと擬似的なコミュニケーションをとれるような場となった。また、スマートフォン向けのアプリなども開発、お店以外の場でも「TAP PROJECT」に親しみ、楽しんでいただけるようなコミュニケーションが展開された。

「震災＋design」を機能させる

日本には、まだ世界中のどの国も解決したことのない課題が山ほどあり、そんな日本を「課題先進国」と呼んでいる。その中でも、地震は最も重要な課題の一つとして挙げられる。二〇〇八年からスタートした「震災＋design」に、永井さんはプロジェクトリーダーとして関わり、筧裕介さん、そして本書でも紹介している「コミュニティデザイン」の山崎亮さんらと共に、震災に対してデザインができることをさまざまな角度から分析、提案している。プロジェクトの詳細は、NTT出版から発行されている「震災のためにデザインは何が可能か」で紹介されている。二〇〇八年から学生を対象としたデザインコンペを実施。さらに少しでも質の高い提案にするために、新しいスタイルのコンペを考案した。コンペ形式によって、参加者間で提案内容を競うだけでなく、学生同士やプロフェッショナルなスタッフと対話しながら課題と向き合い、コミュニケーションによって革新的な提案を生み出すことを目指した。課題は、「東京首都圏で大震災が発生、三〇〇人が小学校の体育館に避難している。避難という非日常時に起こりうる課題を明らかにし、それらを解決するデザインを提案する」とした。全国から二十二チーム、四十三名の若者が参加した。講義から始まり、資料の読み込み、ワークショップを経て、地元に帰って各チームに分かれてアイデアを考え始める。その後、相談会、そして一次審査会、二次審査へ進んだ。二次審査会では、審査員の意見だけでなく被災経験者による講評会も行われ、よりリアリティのある提案を選出することにした。選ばれたチームは、さらにスタッフとの共同作業に近い相談会を行っている。プロジェクト最終報告会では、最優秀の三つの案とゲスト個人賞が選出された。

東日本大震災発生の直後に、社内の有志とプロジェクトメンバーが集まった。これまで考え、提

〔1〕右から・プロジェクトを伝える新聞広告・レストランのテーブルに置かれるプロジェクトに協力を呼びかけるカード〔2・3〕レストランのテーブルに置かれたプロジェクトを呼びかけるツール〔4〕プロジェクト立ち上げイベント〔5・6〕プロジェクトによって作られたマダガスカルの井戸水と井戸〔7〕マダガスカルの子どもたち

1	
5	2
6	3
7	4

きれいな水を、
世界の子どもに。

私たちのレストランは、TAP PROJECT JAPANに参加しています。TAP PROJECTとは、世界の子どもたちが「清潔で安全な水」を手に入れられるよう、ユニセフの活動を支援するプロジェクトです。この地球に生まれた子どもたちの中で、毎日2000人以上が水に関する病気で命を落としています。

期間中、当店でお出ししている水に対して、寄付をお願いしています。4000人の100円で、マダガスカルの小学校1校に給水設備を整え、子どもたちに安全な水を届けることができます。皆さまのTAP PROJECT JAPANへのご協力に感謝いたします。

tapproject.jp
T.AP
PROJECT
JAPAN
clean water
for every child
あなたが飲むコップ1杯の水が、
誰かの命を守るチカラになる。
TAP PROJECT
unicef
あなたが飲むコップ1杯の水が、
誰かの命を守るチカラになる。
T.AP
PROJECT
JAPAN
clean water
for every child
2012.07.28(SAT) → 08.05(SUN)
TAP PROJECT
unicef
NIPPN
nepia

T.AP
TOKYO

T.AP
TOKYO
TAP PROJECT
unicef

T.AP TOKYO
TAP PROJECT
unicef

案してきたことを今回の震災に役立てることができるのか。真剣な打ち合わせを何度も行った結果、コンペで提案のあった「知りあい、助けあうスキル共有I.D.」が選ばれた。これは避難住民の潜在能力・スキルを可視化し、お互いに共有するコミュニケーションツールだ。自分の特技や避難生活に必要な情報を詳細に書き込み、首から下げて持ち歩くものである。さらにそれを改良して、ボランティアと被災者をつなぐスキル共有ツール「できますゼッケン」が生まれた。避難所では、たくさんのボランティアが駆けつけていたが、誰が何をしているのかわからない、何をすべきかわからない「指示待ちボランティア」があふれていた。ゼッケンの色は四色。赤は「医療・介護」、青は英国、手話など「ことば」の支援、黄は大工や法律など「専門技能」、緑は力仕事や炊き出しなど「生活支援」を意味している。ウェブサイトから自由にダウンロード・印刷し、「自分にできること」と名前を書き込み、ガムテープで背中に貼って使う。このゼッケンは三つの機能を果たすことを目指した。一つはボランティア自身が「自分に何ができるか？」を真剣に考えることで、参加目的を明確にし、責任ある行動をとるように後押しすること。二つめは被災者がボランティアのスキルを理解し、気軽に頼めるようにすること。三つめは被災者も使用し、被災者同士の会話と助け合いの芽を育むことだ。二〇一一年三月二十二日の公開以降、さまざまな場所で使用され始めた。永井さん自身も被災地を訪れ、「できますゼッケン」を配布して歩き、その使い方を説明した。その後、「できますゼッケン」は使い方をわかりやすく説明したオリジナル動画を作成し、ユーチューブにて公開する人、コンビニのコピー機を使い誰もが自由に印刷できる仕組みを提供する人、南海地震に備えて自治体で印刷・保管する人など、さまざまな動きが全国各地で生まれている。「震災＋design」は次の大震災に向けて、デザインによって何が可能かを探るためにスタートしたプロジェクトだった。それを形だけで終わらせるのではなく、実際の震災に対して、わずかでも機能させることができ、少し責任が果たせたと永井さんは感じた。

　今回の震災は、国民一人一人に何ができるかが具体的に突きつけられた。永井さん自身も、課題先進国の日本に対して、デザインは何が提供できるかをもう一度真剣に考えさせられた。ここまで

〔永井一史からのメッセージ〕

ボランティアやソーシャルな活動を始めることへの垣根が、若い世代ほど低くなってきたと感じている。震災以降、さらにそれが顕著になった。社会構造の変化の中で、新しい社会の実現に向けて、クリエイティブの力を使ってチャレンジすることに躊躇しないでほしい。大切なのは大げさに考え過ぎず、小さなプロジェクトで良いので、まず実行してみることだと思う。そこで、自分の気持ちに何か変化があったら、大きな流れはすでに生まれているはず。ソーシャルプロジェクトは、通常の仕事で出会えなかった、新しい自分の発見がある。普段の仕事だと得られない喜びを感じられれば、さらに自分の興味や関心が深まっていくはず。僕もこれまで行動することで考えを深め、次のアクションへの気づきを得てきた。

一緒に活動してきたメンバーと、二〇一二年春に、ソーシャルデザインの組織「hakuhodo i+d」を新たに立ち上げた。これまで、ボランティアでソーシャルデザインを行ってきたが、こうした活動が社会的に広がるためには、ソーシャルデザインとビジネスを両立させることが必要だと思った。社会的な意義に高い関心を持って新しいビジネスを模索し始めている企業や、社会課題の解決に日々取り組んでいる官公庁、地方自治体などと共働していきたいと考えている。社会課題の解決とビジネスの両立は簡単なことではないが、そのチャレンジにこれからのデザインの大きな可能性を感じていると永井さんは語る。

〔上から〕「震災＋design」から生まれたできますゼッケン・「震災＋design」のワークショップ風景・「震災＋design」のプレゼンテーションに参加したメンバー

10 ぞうさんペーパー　植田紘栄志

ゾウのウンチがスリランカの環境破壊に警笛を鳴らし、現地の雇用を生み出す。

やさしい風合いのスケッチブックがある。表紙は巨大な芋版で押したような、黒いいびつな丸い形のデザインになっている。ややベージュがかった紙を良く見ると、細かな繊維が含まれている。これが、「ぞうさんペーパー」である。この「ぞうさんペーパー」の材料が、ゾウの糞と聞くとほとんどの人はぎょっとして、周りに気づかれないように臭いを嗅いでしまう。もちろん臭いなどしない。スケッチブック以外にも、レターセットやメモパッド、ノートなどさまざまな紙製品がある。その他にも、一本として同じものがない間伐材の枝を使った鉛筆などもある。世の中には間伐材を使ったエコな商品はいろいろあるが、小枝まで使った商品はなかなかお目にかかれない。こうした商品は主に世界中の動物園で販売されていて、子どもたちに大人気である。「ぞうさんペーパー」のようなユニークな商品をスリランカ企業と共同開発し、販売しているのが、ミチコーポレーション代表の植田紘栄志さんだ。

植田さんは社会起業家という枠に入りきらない型破りなタイプの人だ。本人も社会貢献などという言葉はあまり口にしたがらない。しかし、この「ぞうさんペーパー」は二〇〇六年に英国の放送局BBCと「ニューズウィーク」誌が主催した社会貢献プロジェクトのコンテスト「ワールドチャレンジ2006」にノミネートされ、世界中から選ばれた八〇〇あまりのプロジェクトから見事グランプリに輝いた素晴らしいプロジェクトなのだ。現地の工場では現在一〇〇人のスリランカ人が働き、一日にA4サイズ七万二〇〇〇枚の「ぞうさんペーパー」を製造している。それを使ったさまざまな商品を作り、国内外に販売している。「ぞうさんペーパー」は現地の雇用を生み出し、同時に環境破壊に警笛を鳴らすユニークなソーシャルプロジェクトである。

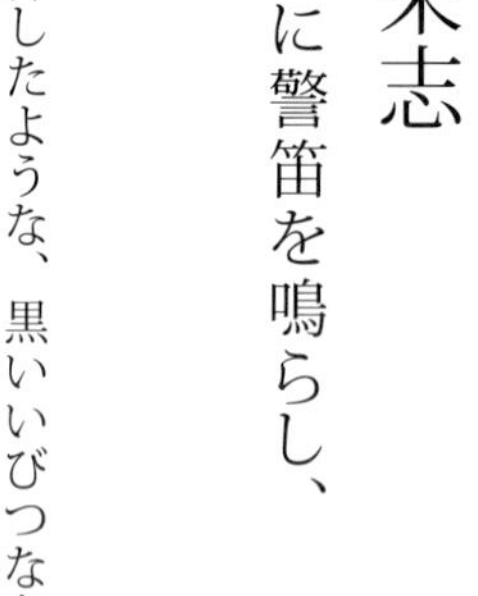

植田紘栄志　Hisashi Ueda

株式会社ミチコーポレーション代表取締役　一九七一年岐阜県生まれ。豪州ウイリアムスビジネスカレッジ卒業。象の排泄物のリサイクルペーパー「ぞうさんペーパー」、ココナッツや象の排泄物などの廃棄物を再生したマットを使用し、休耕田を抱える地方農家とのコラボレーションによって製造される屋上緑化マット「ぞうさん緑化マット」など、自然素材を伝統的な製法により、衣食住にかかわる商品を多数手がけている。二〇一一年に広島オフィスを開設。豪雪地帯の過疎地の自然素材とスリランカのオーガニック食品のコラボレーション食品の開発をスタート。二〇〇六年「ぞうさんペーパー」が「BBCワールドチャレンジ」でグランプリ獲得。出版物「ぼくのウンチはなんになる?」が第四十一回造本装丁コンクール展「ユネスコアジア文化センター賞」を受賞。会社URL http://www.michi-corp.com

スリランカとの運命的な出会い

植田さんとスリランカの出会いも実にユニークである。テレビドラマのような出来事が次々に起こり「ぞうさんペーパー」へとつながっていった。あるとき、地下鉄の霞ケ関駅で見知らぬ外国人に声をかけられた。彼は唐突に「ミスター小渕や、ミスター石原に会うにはどうすれば良いか」と聞いてきた。どうやら当時の首相や東京都知事に会いたがっているらしい。理由を聞いてみると、彼はスリランカの役人で技術研修の協力先を募るために日本に来ていた。無謀にもアポなしで要人に会おうとすることに驚いてしまった。スリランカ人はさらにこんな話を植田さんに言ってきた。「実はホテルに騙されてしまいお金がなくなったので、貸してほしい」と。日本でホテルに騙された話はあまり聞いたことがないので、そのホテルの領収書を見せてもらった。すると有料のアダルト放送の料金がたくさん含まれていた。そのことを指摘するとスリランカの役人は恥ずかしそうに顔を赤らめた。ちょうどその日が給料日だったこともあり、面識もない日本人にお金を借りようとするスリランカ人に一万円を気前よく渡してしまったのだから、植田さんはかなりのお人好しである。「この恩は一生忘れない」と言ってスリランカ人は去っていった。

そんな出来事も忘れた頃、植田さんの元にそのスリランカ人から突然連絡が入った。結婚式を挙げるのでスリランカに来てほしいと言うのだ。当時のスリランカはテロが多発して、外務省から渡航禁止勧告が出ているほど政治が不安定な状態だった。そんな中、植田さんは面白そうなので結婚式に出席するためにスリランカに出かけて行った。その役人は植田さんのことを「すごいビジネスマンが来る」と触れ回ったので、ホテルに到着すると翌日の新聞には「日本から訪問団来る」の見出しが躍った。おかげで、毎日のように売り込みの業者が植田さんの元にやって来た。さらに、全国女性会議に呼ばれて講演まで依頼されてしまう。講演では、たまたまユニクロのフリースを着ていたので、話のネタに困った植田さんは「このフリースはペットボトルから出来ています」と話してしまった。日本から来たすごいビジネスマンがそんなことを喋ったので、数人の女性が植田さんのところに来て、どうしても来てほしい場所があると言って、強引にジャングルに彼を連れて行ってしまう。そこには、膨大な量のゴミの山があった。ゴミの山を指差しながら「これをその服にしてほしい」と彼女たちは詰め寄った。つい「ちゃんと分別すればゴミもお金になる」と言ってしまった。その話に市長までが登場して「そのビジネスをここでやってほしい」と頼んで来て、翌日の新聞には「日本からゴミの専門家来る」と紹介されてしまった。結局、人の良い植田さんはゴミのリサイクルビジネスの立ち上げを約束してしまう。すぐに土地や設備、人員の確保を始めたが、その資金は仕方なく植田さんの貯金から出した。しかし、植田さんはリサイクルの専門家ではないので、ペットボトルのリサイクルはまったく回収が進まず、軌道に乗せることができなかった。資金も底を尽きかけ、何とかしなければと悩んでいたときにゾウの孤児院の話が持ち上がった。

ゾウの抱える問題

スリランカが抱えている問題はゴミだけではない。都市化によって、森林の環境破壊が進み、住みかをなくしたゾウがジャングルから街に迷い込む事件が多発していた。迷い込んだゾウはパニックになり、家を破壊したり人に危害を与えてしまうので、撃ち殺される悲劇が頻繁に起こっている。スリランカの田舎ケーゴルには、体の不自由なゾウや孤児になったゾウを保護している「ゾウの孤児院」がある。この孤児院に通って、何かできないかと悩んでいるうちにゾウの糞が目に止まった。ゾウは草食動物なので、毎日大量の植物を食べる。そして、大量の糞を出す。その糞には繊維がたっぷりと含まれていることに植田さんは気がついた。そこで糞を集めて、日本の和紙を作る方法を参考にしながら試行錯誤を繰り返した。その結果、まず糞を陰干しにしてそれを丸一日かけてドラム缶で茹でて殺菌する。その工程で繊維だけになり、臭いも完全に消える。それに古紙を混ぜて、和紙のように一枚一枚手で漉いていくと「ぞうさんペーパー」が出来上がる。大きな工場で紙を作るときとは違って、木も切らない、薬品も使わない、環境に優しい紙なのである。今まで人間とゾウは土地をめぐり対立関係にあった。

しかし、輸出の段階で思わぬ問題が起こった。ゾウにかかわるものはすべて、希少動物を保護す

〔1〕ゾウの孤児院〔2〕ぞうさんペーパーの材料となるゾウのウンチ〔3・4〕ぞうさんペーパー制作風景〔5〕現地工場での商品化作業風景〔6〕ぞうさんペーパー〔7・8〕商品になったスケッチブック、ノート〔9〕間伐材の小枝を使った鉛筆

1				
2	3	4	5	
6	7	8	9	

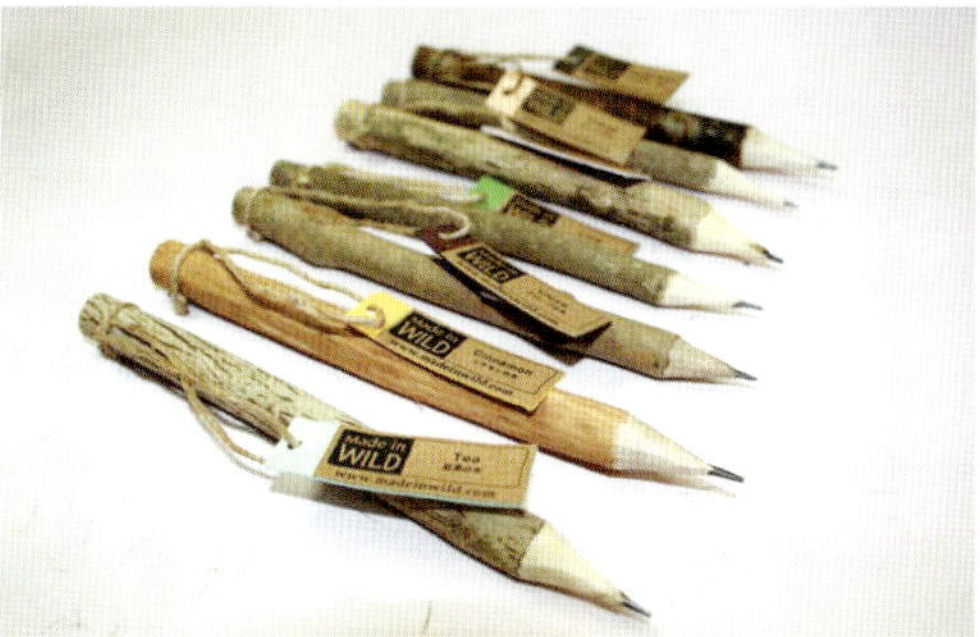
Made in WILD

るワシントン条約に引っかかってしまうのだ。象牙ならいざ知らず、糞がその対象になるなんて信じられなかった。しかし、植田さんは諦めなかった。ワシントン条約は本来希少動物を守るためにあるのだから、保護につながる「ぞうさんペーパー」が駄目なはずがない。植田さんは国際機関にねばり強く訴え続けた。一年後、ようやく特例措置として日本への輸入が認められた。ゾウの糞でできた紙は独特の風合いがある。それ以上に話題性がバツグンだ。上野動物園への納入が成功したことをきっかけに人気を呼び、日本各地の動物園や水族館などで販売されるようになった。特に「世界初!ゾウのウンチで出来た絵本」は、造本装丁コンクールでユネスコ・アジア文化センター賞を受賞し、環境に関する教育的価値もあることで人気がある。この絵本は「ぼくのウンチはなんになる?」と題して、森林伐採によってゾウの住む環境が悪化したことや「ぞうさんペーパー」の作り方など、子どもにもわかりやすく環境問題を伝えている。「ぞうさんペーパー」は環境問題と途上国の雇用問題を同時に解決する素晴らしいプロジェクトである。

ヤシ殻をリサイクルして屋上緑化

植田さんの事務所に行くと、さまざまなスリランカ商品がところ狭しと並んでいる。まるで少年の夢がたっぷりと詰まったオモチャ箱のようだ。天然ゴム製の恐竜のフィギュアやキャラクターのマスク、玩具、有機農法のオーガニックティーなど他にもいろいろな雑貨がある。冒険映画の「インディ・ジョーンズ」が大好きで、主人公のトレードマークになっている革のジャケットを研究し、そっくりのものを作って愛用している。もちろんこれも販売している。最近では、屋上緑化を簡単にできる天然芝の「ぞうさん緑化マット」を開発した。マットの部分はスリランカで大量に廃棄されるヤシ殻をリサイクル利用して、それにセイロン象のウンチをブレンドして作る。二つの材料は良質な繊維で出来ているので、これまでの緑化マットのように風で土が飛んだり、使用後の廃棄に悩まされることもないのだ。出来上がったマットを日本の農家に持って行き、休耕田を利用して西洋芝を育てる。栽培が難しいとされる西洋芝だが、植物を育てるプロである農家の手にかかれば、

〔植田紘栄志からのメッセージ〕

社会起業家を目指す若者が多いそうですが、確かに人を喜ばす仕事は最高に楽しいですし、長く打ち込めると思います。利益を上げるほどどこかの誰かが、もしくは自然や動物が幸せになれるビジネスは、僕もやってほしいと思います。ぜひ頑張って起業して頂きたいと思います。最近の若い人たちは運転免許すら取得せず、生まれた地域からほとんど出て行かずにインターネットなどの情報をチェックして頭でっかちになっている人が多いと感じることがあります。僕は起業する上で移動距離とチャンスは比例していると思っていますので、国内外あちこちに旅に出てほしいと思います。できれば数年の海外生活も体験されたほうがいいと思います。冒険を後回しにせず、できるだけ早めにチャレンジすることをオススメします。家族や友人が反対するようなプランほど革新的でチャンスを秘めている場合があります。毎日満腹にさえなれれば生活はできるわけですし、もしかして将来お金がクズになる時代も来るかもしれません。そんなときに役立つのが若いうちの冒険の経験だと思います。冒険なくして何が人生だ、ということです。無謀でクレイジーと思われるくらいの行動をするくらいが今の時代にはちょうどいいかもしれません。

1	
4	2
5	3

〔1〕廃棄されたヤシ殻〔2〕ヤシ殻とゾウのウンチをマットの材料にする工場〔3〕「ぞうさん緑化マット」のベース〔4〕出来上がった「ぞうさん緑化マット」〔5〕「ぞうさん緑化マット」を敷きつめた屋上

青々とした立派な芝に成長する。「ぞうさん緑化マット」は、スリランカの廃棄物と日本の農家の技術を利用しながら、スリランカと日本の農家の両方に仕事を生み出し、屋上緑化によってCO2の削減にもつながるすごい緑化マットなのだと植田さんは語る。個人の家でも敷きつめるだけで簡単に屋上緑化ができ、都会のヒートアイランド現象を少しでも防ぐことができる。これもいくつもの問題を一挙に、解決する植田流アイデアだ。

里山サバイバルビジネス

東日本大震災をきっかけに、植田さんは新たなアクションを起こした。広島県の山奥に芸北という場所がある。そこが植田さんの新しい拠点だ。いざというときに、まず必要な物は食糧である。食糧の備蓄さえちゃんとしていれば、非常時に慌てる必要もないし、支援物質としても活用することができる。東日本大震災が発生した際に、何か自分にできる支援はないかと考えたが「ぞうさんペーパー」では残念ながら腹の足しにならない。サブプライムローンの問題やギリシャの経済破綻、食糧危機、次々に起こる大災害を見ていると、お金が価値を持たない時代が間近に迫っていると植田さんは感じた。地産地消、自給自足の生活なら、国やお金に頼らなくても豊かな生活を送ることができる。

日本の豪雪地帯には長い冬を越すための、昔ながらの知恵が詰まった保存食がある。これがとても旨いのだ。植田さんは、知名度は低いが、味の良い地元の芸北りんごや高冷地野菜、山菜などに目をつけた。これをドライフルーツやジャムにして、スリランカのシナモンやレモングラスを加えれば、都会の人も食べたくなるような商品が出来る。もちろん、ブランドとしての価値を高めるために、パッケージもちゃんとしたデザイナーに依頼する。これだけではなく、地元と一緒にさまざまな商品の開発を行っている。こうした取り組みが成功すれば、限界集落に産業が生まれ、Iターンのきっかけをつくることができる。プロジェクトを軌道にのせれば、日本中の限界集落を救う可能性が生まれる。いざ食糧危機などになれば、自社倉庫に行けばいくらでも食べ物がある。だから自分の大好物しか商品開発をしない。これが、植田さんの考える里山サバイバルビジネスだ。植田さんは、思い切って家族ごと芸北に移住し、このプロジェクトに本気で取り組んでいる。映画の主人公と同じでじっとしていることができない植田さんは、次の問題解決のために広島、東京、スリランカなど、今日も世界中を飛び回っている。

〔上から〕広島県芸北町の冬・地元の農業セミナーで勉強する植田氏・芸北町の秋・芸北の料理人とのコラボレーション商品「トマトココ」・地元の伝統的行事に積極的に参加する植田氏

11 プロボノ　嵯峨生馬

自分の職能を社会貢献に使う、新しいボランティアのシステム。

「プロボノ」とは自分の職能を生かしながら社会貢献に参加できるシステムであり、それを日本の社会に根付かせたのが「サービスグラント」の嵯峨生馬さんだ。「サービスグラント」は二〇〇五年に立ち上げられ、日々の仕事を通して培ったプロフェッショナルなスキルを提供することで、NPOの抱える問題解決を支援するプロボノプロジェクトを運営している。現在登録しているプロボノワーカーは一四〇〇人を超え、達成したプロジェクトの数も八〇以上に及ぶ。

プロボノが最初に産声をあげたのは、二〇〇四年に雑誌「ソトコト」が開いた丸の内にあった「ソトコト・ロハス・キッチン&バー」からだった。当時、嵯峨さんはアメリカでプロボノを創設した「タップルートファウンデーション」（以下、「タップルート」）をソトコトの連載記事で紹介していた。そのカフェを使って何かイベントを行ってほしいとソトコトから依頼があった。日本でもプロボノは新しい社会貢献のカタチとして有効であると考えた嵯峨さんは、このスペースを使ってプロボノを実験的に行ってみることにした。嵯峨さんの呼びかけに対して集まった約三〇人の中から、一プロジェクト六名ずつを選んで、三つのチームを編成した。チームの中には、マーケッター、コピーライター、ウェブデザイナーといった職能の人が入っていた。三チーム合同で、キックオフミーティングから始め、半年かけてプロジェクトのゴールを目指した。結果から言うと、二チームは非常にうまくいき、一チームは失敗だった。成功したチームは、担当したNPOからとても感謝された。「今回のホームページ制作は、私たちにとってずっと待ち望んでいたものでした。それをここまで魅力的な形にしていただきました。とても自力ではできなかったことです。ありがとうございました」といった感謝の言葉が述べられた。NPOにとって人材や資金不足により、気持ちはあっても実現

嵯峨生馬　Ikuma Saga

特定非営利活動法人サービスグラント代表理事　一九七四年、神奈川県横浜市生まれ。一九九八年、日本総合研究所に入社。二〇〇一年、東京・渋谷を拠点とする地域通貨「アースデイマネー」を共同で設立。二〇〇二年にNPO法人化、二〇〇三年から代表理事。二〇〇五年、日本総研を退職。同年、NPOの情報発信・マーケティング等をプロボノにより支援する「サービスグラント」の活動を開始。二〇〇九年にNPO法人化し、代表理事に就任。現在、東京および関西を拠点に一四〇〇人を超える社会人プロボノワーカーを集め、延べ一〇一団体以上のNPOに対しウェブサイト・パンフレット・業務改善等の成果物提供をコーディネイト。嘉悦大学非常勤講師。著書に『プロボノ～新しい社会貢献 新しい働き方』（勁草書房、二〇一一年）、『地域通貨』（NHK生活人新書、二〇〇四年）等。

できないでいることは山のようにある。その最たるものが、広報やマーケティングの分野だ。残念ながら失敗をしたチームの原因は、チームのメンバーが、あれもこれもしてあげたいとヒートアップしてしまい、最初に決めたミッション以上の作業を行おうとしたためだった。しかし、この失敗は嵯峨さんにとって、その後のプロボノを成功に導くための大きな財産となった。

最初のプロボノは予想以上の成功を収め、プロボノのメンバーも自分の職能を有効に使えたことに満足していたし、NPOからも感謝された。通常のボランティアより、コーディネートをしっかりすれば、素晴らしい成果を得られることがわかった。それに手応えを感じた嵯峨さんは、「サービスグラント東京」を設立し、独自にプロボノを開始した。二度目は、NPOもプロボノワーカーも公募で募集した。一回目の失敗を繰り返さないように注意しながらプロジェクトは進められ、三つのチームすべてが素晴らしい結果を出してくれた。

地域通貨「アースデイマネー」との出会い

嵯峨さんは学生の頃、地域社会づくりのフィールドワークを学んでいた。その後社会人となり、たまたま仕事でICカードの活用法として、地域通貨の可能性の調査を担当していた。仕事で地域通貨の調査用に登録していたメーリングリスト上で、地域通貨の先駆者であるカナダのマイケル・リントンの目に止まり、嵯峨さんに声がかかった。マイケルは、ちょうど「広告」という雑誌が、地域通貨の特集を行うために、来日予定だった。

二〇〇一年に嵯峨さんは渋谷を拠点とする地域通貨のプロジェクト「アースデイマネー」の設立に参画し、以来その運営を続けている。「アースデイマネー」は、登録されているNPOのボランティアに参加することによって「地球や街に良いことをした人」が地域通貨を受け取ることができる。「アースデイマネー」は、カフェや雑貨店などの参加店で使うことができ、割引やサービス、プレゼントなどの特典が受けられるシステムだ。立ち上がり当初は予想以上にマスコミで話題となり、プロジェクトは熱気に包まれていた。この活動もしばらくたつと当初ほどの勢いは衰え、事務局運営をサポートするボランティアの数も減っていった。NPOにとって喉から手が出るほどほしいのは、運営に真剣に関わって、しかも成果を生み出せる人材なのだ。NPOには、やりたいことや期待されることが山ほどある。しかし、実際にやり切れることが少ないのがNPOの現実でもある。

嵯峨さんは「アースデイマネー」の運営を通じて、それを実際に経験することができた。

嵯峨さんは二〇〇五年にそれまで勤めていた会社を辞めて、「アースデイマネー」やプロボノを中心に活動を始めた。特に「アースデイマネー」を改革していきたいと思っていた。二〇〇六年に「アースデイマーケット」を開始できたことで、「アースデイマネー」を次の段階へと進めることができた。「アースデイマーケット」は、代々木公園を中心に新鮮な旬の野菜、やさしい笑顔に出会える場所として開催されるファーマーズマーケットである。食と農のつながりや環境共生型農業などをキーワードに、代々木公園では毎月一回開催され、数多くの出店者やお客さんで賑わっている。会場では、天ぷら油の回収・リサイクル、古本の回収、マイバッグの利用促進、NPO活動への寄付など環境や社会貢献に関する活動も積極的に行われている。「アースデイマーケット」は、都市住民が環境や社会のために「良いこと」を実践することの入口になっている。もちろん、「アースデイマネー」も活発に使われている。「アースデイマーケット」以外でも嵯峨さんのさまざまな取り組みにより、「アースデイマネー」の流通量は二〇〇五年に比べて五倍以上になり、参加店も一二〇店を超えている。「アースデイマーケット」は地域の人々が集まるコミュニティとして、大切な出会いの場となっている。

NPOをサポートする革新的な活動

プロボノの語源は、ラテン語の「公共善のために」という言葉に由来する。プロボノを辞書的に定義すると、「社会的・公共的な目的のために、自らの職業を通じて培ったスキルや知識を提供するボランティア活動」と言うことができる。ほとんどのNPOは資金、人材など、さまざまな面でリソース不足に悩んでいる。自らの活動をより多くの人に知ってもらうために、ウェブサイトを

使って発信したい。成果を報告して、もう少し資金調達をしたい。しかしながら、きちんとしたウェブサイトを構築するためには、お金はもちろんのこと、情報をきちんと整理して、受け手にわかりやすく伝えるためのノウハウが必要だ。効果的な情報発信を実現できていないNPOがほとんどである。

　グラフィックデザイナーがNPOに対してチラシの制作を無償で行えばそれはプロボノと言える。一方で、同じグラフィックデザイナーが週末に地域の森林保護活動にボランティアとして参加して、植林や森の手入れを行っても、それはプロボノではなく一般的なボランティアになる。プロボノは、ボランティアの一種であると同時に、ボランティアの中の特殊な一形態である。写真家がNPOのイベントに足を運んで、記録写真を撮影してあげたこともあるはず。このように、個人が純粋な気持ちで社会貢献に参加する際、たまたまその人がプロフェッショナルとして活動するスキルを持ち合わせていた場合は、プロボノが実現していることになる。こうした「自然発生的なプロボノ」は、ずっと昔から存在していた。しかし、これまでのように自然発生的な出会いを待っているだけでは、両者はなかなか良い出会いができない。

プロボノを機能させる

　「成功するプロボノ」のためには、NPOが望んでいることを理解し、そのために必要なスキルを持ったプロボノワーカーのチーム編成を行うことが大切である。実際にプロジェクトがスタートすると、チームでNPOを訪問し、団体理念、活動内容を理解するだけではなく、NPOを取り巻くさまざまな関係者へのヒアリングも行い、別の角度からの視点も得るようにしている。ヒアリングやリサーチの結果をもとに、成果物のコンセプトを提案する中間提案を経て実作業に入っていく。プロジェクトは半年かけてゴールを目指すのが一般的で、平均週五時間程度で本業との両立が可能な範囲で進められる。プロジェクトがスムーズに進むように、事務局からも日常的なバックアップを行う。その際に、チーム内のコミュニケーションがうまくいっているか、最初に決めたゴールに

〔右ページ〕アースデイマネーでNPOの活動に参加する若者〔左ページ〕アースデイマネー

向かってスケジュール通りに作業が進んでいるかなどにも気を配る。こうした「サービスグラント」のきめ細かいサポートがあるため、プロボノが初めてのボランティアの人も安心して参加できる。登録者の半数以上は、今まで興味はあってもなかなか参加できなかった人たちだが、非常に高い満足度を得ている。プロボノワーカーとして参加した人の八十九％が、「もう一度『サービスグラント』に参加したい」と思い、九十四％の人が「『サービスグラント』を他の人にも勧めたい」と答えている。「成功するプロボノ」のためには、ビジネスパーソンとＮＰＯという、異なる価値観を持った両者のニーズを調整し、限られた時間を有効に使い、想定されるリスクを回避し成果を生み出すためのマッチングの方法論が必要だと嵯峨さんは語る。

プロボノにおけるマッチングの注意点として、ビジネススキルや業務経験を持つプロボノワーカーから見ると「普通の企業なら当然できていることがこのＮＰＯにはできていない」と、ＮＰＯの不完全なところを指摘する批評家になってしまったことがあった。事前にＮＰＯの置かれている現状やＮＰＯの一般的な基礎知識を理解しておいてもらわなければならない。ＮＰＯが作業を依頼する際、自らが伝えるべき情報を十分に伝えて、目標とする成果物に対する要望をプロボノワーカーと具体的に共有することがある。「インパクトのあるものを」とか「センスに任せます」といった抽象的な依頼を避けることである。さらにプロボノワーカーによっては、ＮＰＯのニーズに応えようとするあまりに、情熱や責任感を持ち過ぎてあれもこれも改善してあげたくなってしまう人もいる。プロボノワーカーがプロジェクトに使える時間は限られているので、チームが過熱し過ぎないように、パワーを平準化して着実に成果につなげることも事務局の大切な役割である。こうしたトラブルを繰り返さないために、嵯峨さんは原因を探りシステムを改良してきた。その努力の結果、ＮＰＯにもプロボノワーカーにも非常に満足度の高いマッチングシステムにすることができた。

「タップルート」との出会い

以前、嵯峨さんはシンクタンクの研究員としてＮＰＯの資金調達や事業運営に関する調査を行っ

（右）アースデーマーケット

ていた。二〇〇四年にサンフランシスコのNPOを訪れたときのことだった。NPOのスタッフが「そういえば、私たちのホームページがリニューアルされます。そこにも情報が載っているから見てください」と言った。「そのホームページは、『タップルート』というところが作ってくれたんです」と教えてくれた。この耳慣れない組織の名前が、嵯峨さんがプロボノを知る最初のきっかけだった。帰国してインターネットで「タップルート」のウェブサイトを見て衝撃を受けた。そのウェブサイトには、マーケティングやデザイン、ITなどの経験を持つボランティアが幅広く集まり、さまざまな分野のNPOを応援し、ロゴマークを刷新したり、パンフレットを制作したことで、寄付が集まったり、会員が増えたりしたというサクセスストーリーが並んでいた。ボランティアがNPOの運営の重要な部分に関わって、しかも組織の中で機能し、最終的にNPOに成果をもたらしてくれる。果たしてそんなことが本当に可能だろうかと感じた。そう思うと自分の目で確かめたくなり、嵯峨さんは再びサンフランシスコに飛んだ。

代表のアーロン・ハーストは嵯峨さんと同じ一九七四年生まれの若者だった。「タップルート」は二〇〇一年の設立だが、アーロンに会った二〇〇五年には、年間一二〇件ものプロボノプロジェクトを運営していた。そして二〇〇九年には、完了させたプロジェクトが一〇〇〇件に達する快挙を成し遂げている。二〇一〇年のデータでは、「タップルート」に参加を希望するプロボノワーカーが三万人を超えていた。「タップルート」には、「ブループリント」と呼ばれる書類がある。その中には、驚くような緻密さでプロボノプロジェクトの進め方が記述されている。プロジェクトをフェーズごとに区切り、細かくステップ分けし、ミーティングについても出席者とその役割、進行の順序、決定すべき事項などを書き込んでいる。プロジェクトを立ち上げてから最終的に完了するまでの、すべての出来事が網羅されていた。驚きだった。

「タップルート」の活動や組織を知れば知るほど、嵯峨さんの中で「こういうのが日本にあったら、NPOだけでなく、企業人の働き方や仕事に対する価値観が変わる」という思いがふくらんだ。プロボノは、あくまで公共的な利益のもとに活動するNPOを応援する、社会貢献のための活動だ。

〔嵯峨生馬からのメッセージ〕
社会起業家である前に、社会芸術家であれ。社会的な活動は自己表現であると思う。自分が出会った問題を放っておくことができないと感じた衝動を忘れないでほしい。僕も「アースデイマネー」とプロボノに軸足を置くために会社を辞めた経験がある。周囲の人からは心配されたが、自分にとっては納得のいく選択だったし、後悔はなかった。同時に、それ以前に、会社にいながら数年間NPOに関わっていた経験が、さまざまな面で役に立った。だから、いま働いている人も、急に仕事を辞めてNPOをやろうと思わなくても大丈夫。ソーシャルなことは、空いた時間を使って、少しずつ始められる。そして、時期が本当に来たら羽ばたけばいい。ちょっとNPOとか社会起業家の話をかじったような人が、ビジネスとして成立しなければ、続けていけないし、意味がない、と言ったりする。それはそれで一理ないとは言えないが、非営利の活動が、なかなかお金が回らないのは当たり前。簡単に回るのであれば、すでに多くの企業が参入しているはず。NPOをやって、すぐに勝てるとは限らない。けど、簡単には負けないということを大切にしてほしい。

だが、プロボノを通じて参加する人自身も、自分の働き方を改善することや職能に対する誇りを持つことができるのではないか。「タップルート」の活動にはそれを予感させるだけの説得力があった。そんな思いがよぎったことも、嵯峨さんが日本でもプロボノを立ち上げたいと考えた理由だった。

「サービスグラント」の成果

日本とアメリカではボランティアに対する意識も違うし、NPOの社会的なポジションも異なる。嵯峨さんは「タップルート」のシステムをベースにして、日本の社会にあったかたちに調整しながら「サービスグラント」の運営を始めて七年がたつ。近年では、企業のCSRの一部としてプロボノを活用するケースも現れている。企業は社員にプロボノとしての参加を呼びかけ、その呼びかけに応じた社員有志は、自らの意思でプロボノワーカーとしてのスキル登録し、「サービスグラント」が彼らをコーディネートしてプロボノプロジェクトを運営する。企業にとっても、社会貢献の成果が明確であり、プロボノとして参加した社員にも達成感があると喜ばれている。行政からも同じように声がかかるようになった。

プロボノは社会貢献を実現しながら、社会人にとって自分の仕事への気づきやヒントを得ることができる機会にもなる。「ソーシャル」への関心が高まる日本の社会において、プロボノは、自らの興味関心を満たすと同時に、自分の能力を生かし高めていくための貴重な機会として活用することができる。そして、このことはNPOにとっても、これまで非営利の世界とあまり縁がなかった貴重な力を味方につけるグッドチャンスが生まれたことを意味する。プロボノによってビジネスパーソンとNPOとの間に新たなつながりが生まれたことで、お互いが成長し飛躍する可能性が開かれていく。プロボノは、ビジネスの世界にも非営利の世界にも、新しい風を吹かせる重要な活動になりつつある。

［右ページ］プロボノに参加したメンバーのミーティング風景［左ページ］プロボノによって制作されたNPOのホームページ

芸術家と子どもたち
CHILDREN MEET ARTISTS
トップページ
芸術家と子どもたちとは？
ASIAS
ACTION!
PKT
その他プログラム
協賛・助成・寄付
ボランティア募集
学校で、地域で。
アートと子どもたちの
しあわせな出会いを。
NPO法人
芸術家と子どもたち
お知らせ
子ども・親子向けイベント
スタッフ日記
メルマガ登録
芸術家と子どもたちの主な活動
ASIAS
ACTION!
PKT

ナマケモノ倶楽部
ナマケモノ倶楽部とは？
ムーブメント
イベント
人とコラム
お問い合わせ
アンペアダウン
新着情報
theslothclub
ムーブメント一覧〜ナマケモノ流「私にできること」
GNHブログ
出前授業
ゆっくりは、たのしい
SERVICE GRANT

Bridge For Smile
認定NPO法人ブリッジフォースマイル
児童養護のいま
B4Sについて
活動内容
彼らの自立を支援したい
私たちがしていること
あなたにできること
30000
最新のお知らせ
モノ・お金の寄付で支援
企業の皆様へ
施設の皆様へ
林恵子のブログ
メディア紹介履歴
イベントカレンダー
ブリッジフォースマイル年間スケジュール
facebookでもcheck

12 READYFOR? 米良はるか

クラウドファンディングを使った、まったく新しい寄付システム。

東日本大震災の津波により、陸前高田市の図書館は全壊。図書館員の方も全員亡くなられ、在書もすべて流出してしまった。行政の緊急支援の中には、被災し傷ついた子どもたちの心のケアに大切な「本」は入っていない。吉田晃子さんは自分自身も被災し、仮設住宅で不自由な生活を送りながら、子どもたちのために仮設住宅の中に図書館を作る活動をしている。図書館は完成に近づいていたが、その中に入れる本棚や本がまったくないので、「この空っぽの図書館を、子どもたちが夢中になる本でいっぱいにするお手伝いをしてほしい」と、「READYFOR?」を通じて社会へ呼びかけた。すると瞬く間に全国から、本を購入するための資金援助者が八六二人も現れた。吉田さんの目標金額の二〇〇万円を遥かに上回る、八二四万円もの資金が集まった。援助者の方々からは、温かい励ましや応援の言葉が添えられていた。援助者の方には、この陸前高田市の「空っぽの図書館を本でいっぱいにしようプロジェクト」から、寄付額に合わせて礼状や報告書が送られ、寄付額の多い人には希望の本に名前を入れて蔵書にしてもらえる特典などのお礼が用意されている。

まったく新しい寄付システム

これまでの社会貢献プロジェクトでは、赤十字やユニセフといった社会的に信頼のある組織であるか、もしくは知名度がなければ、多くの人から寄付を集めることが難しかった。また寄付をしてもそのお金が具体的にどのように使われたのかを知ることができなかった。たとえ個人が強い思いを持っていても、ソーシャルプロジェクトを実行するために、寄付を募ることは容易なことではなかった。陸前高田市の空っぽの図書館を本でいっぱいにするために、従来の方法を使って個人で寄付を集めた

米良はるか　Haruka Mera
一九八七年生まれ。二〇一二年慶應義塾大学メディアデザイン研究科修了。二〇一〇年スタンフォード大学へ留学し、帰国後、大学時代から関わっていたウェブベンチャー、オーマ株式会社にて取締役に就任。二〇一一年三月、日本初のクラウドファンディングサービス READYFOR? の立ち上げを行い、NPOやクリエイターに対してネット上で資金調達を可能にする仕組みを提供している。World Economic Forum グローバルシェイパーズ二〇一一に選出され、日本人史上最年少でスイスで行われたダボス会議に参加。Twitter: @myani1020 Facebook: haruka.mera

READYFOR? は実行者を支援する日本初のクラウドファンディングです。
READYFOR?
プロジェクトを始める
プロジェクトを探す
READYFOR?をもっと知る
Pick Up!
歌舞伎や『寅さん』、大切な日本の文化の宝箱を守る。
達成状況
139%
2,791,000円
23日
新着情報
プロジェクト

READYFOR?
あなたのアイディアを
実現してみませんか？
国内最大規模のクラウドファンディング
合計70,000,000円が支援されています！
READYFOR? とは
あなたもプロジェクトを始めてみませんか？
プロジェクトを始める
READYFOR?は、NPOなどの団体のチャレンジを大歓迎しております！
メディア掲載
クリエイティブな活動
CREATIVE
社会性の高い活動
SOCIAL ACTIVITY

としても数十万円が限界だったし、そのために膨大な時間とエネルギーが必要だった。マスメディアにうまく取り上げてもらえればある程度の金額を集めることができるが、すべてのプロジェクトがマスメディアに取り上げてもらえることはあり得ない。米良はるかさんが立ち上げた、日本初のクラウドファンディングサービス「READYFOR?」は、発信力を持たない個人でも、社会的な意義や共感性があれば、そうした壁を楽々と飛び越えることを実現できる革新的なシステムである。

もう少し詳しく「READYFOR?」のシステムを説明しよう。現在、日本においてクラウドファンディングを使ったサービスはいくつか存在する。「READYFOR?」は東日本大震災の支援プロジェクトを数多く実行させているが、震災支援のためのシステムではない。たとえば、ミャンマーで生まれつき膀胱や腸が体外に向かって破裂した状態のニーニーミンルィンちゃん（六歳）は、ミャンマーの医療技術では治療が困難な状態である。彼女を日本に連れて来て手術をするための、数百万円の資金集めプロジェクトを成立させた。陶芸家の山田浩之さんは、作品制作をしながら信楽座を主催している。町おこしイベントの「信楽 ACT」を開催して、産業・人・芸能の融合を目指している。「READYFOR?」は、「信楽 ACT2012」を開催するための資金集めプロジェクトも成立させた。ネパールでは貧困のため、たくさんの女性が売春宿へと売られている。売春宿から保護されても手に職をつけなければ、生活のために再び売春宿に戻ることになる。「READYFOR?」により、そうした彼女たちに「ビューティシャン」としてのメイクアップ職業訓練を行い、女性としての尊厳を取り戻してもらうプロジェクトも成立。職業訓練が始まっている。

「READYFOR?」はクリエイティブな活動や社会性の高い活動を中心に、夢を持つすべての実行者がアイデアをサイト上でプレゼンテーションすることで、多くの人から支援金を集めることができる可能性がある。「READYFOR?」のサイトへ行くとプロジェクトを始めるためのバナーがある。①申し込み：プロジェクトの概要がわかるように熱意を込めて書き込み申請する。②審査：「READYFOR?」でプロジェクトの適切性の審査を行う。③ミーティング：審査を通ったプロジェクトのページ作成、内容や引換券などの修正を経て契約。（「READYFOR?」がサポートする）④支援募

〔1〕陸前高田市の空っぽの図書館を本でいっぱいにしようプロジェクト・支援金額八二四万五〇〇〇円〔2〕仮設住宅の敷地内に完成した図書館〔3〕津波の被害に遇った陸前高田市立図書館〔4〕黄色いステッカーは支援者全員に贈られ、一万円以上の支援をした人には、希望の本一冊に名前入りで図書館の蔵書にする。〔5〕ミャンマーで病に苦しむ一人の少女の「心」を救う！プロジェクト・支援金額三二六万五〇〇〇円〔6〕無償支援で、十六年間ミャンマーへの医療支援を続けている吉岡秀人先生とニーニーミンルィンちゃん〔7〕信楽ACT2012・支援金額一〇万九〇〇〇円〔8〕開催中のツチツナギ〜産業×人×芸術 信楽ACT2012〜〔9〕ネパールで売春宿から保護された女性たちにメイクアップ職業訓練をプロジェクト・支援金額二七六万五〇〇〇円〔10〕ネパールでメイクアップ職業訓練中の風景〔11・12〕ひらのりょうのDVD作品集ほしいひとー！お金ちょーだい！プロジェクト・支援金額十六万四〇〇〇円

7	1
8	2
9	3
10	4
11	5
12	6

集開始：決めた期間中は「READYFOR?」のサイト上で支援募集を行う。⑤期間内に目標にした支援金が集まるとプロジェクトが成立。⑥支払い：プロジェクトが成立しない場合、一切費用は必要ない。成立したプロジェクトは、募集金額の一〇％を「READYFOR?」に支払う。⑦プロジェクト実行。⑧支援者への報告とお礼。以上がシステムの流れである。これまでプロジェクト申請者の約三人に一人が審査を通過し、支援募集をスタートさせている。

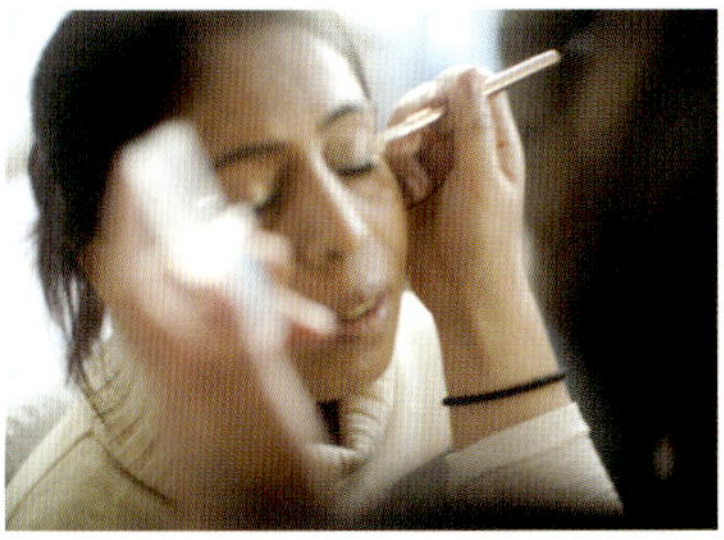
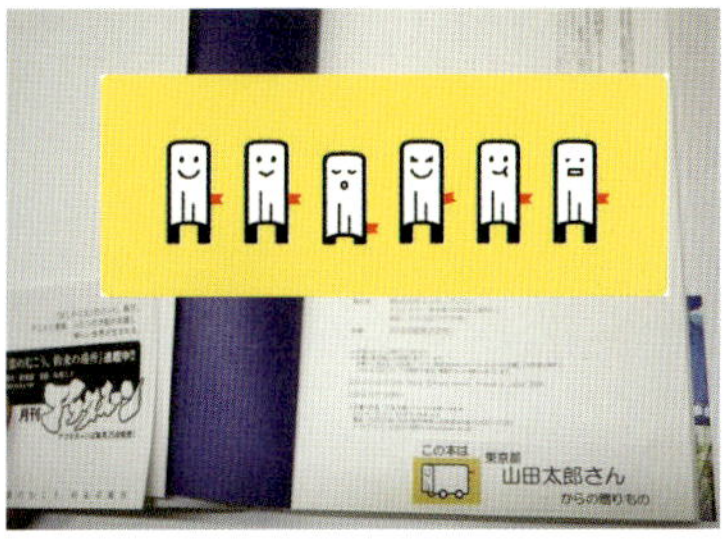

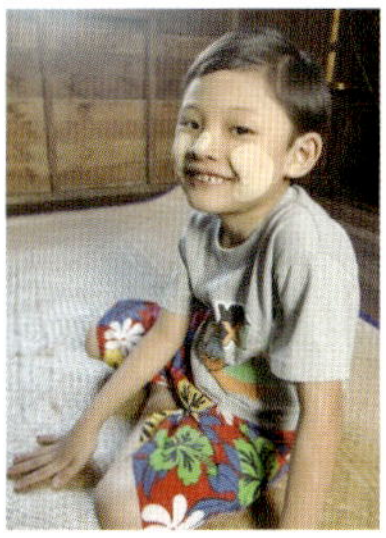
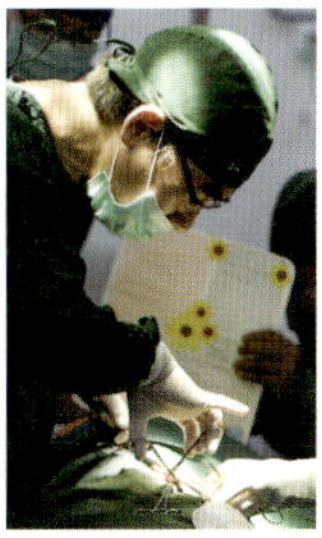

日本に足りないものを探して

米良さんは高校までわりと自由な校風の一貫校に通っていた。大学で学ぶことにも何か特別な目的があるわけではなかった。三年生になり、周りの友だちは就職活動を始めていた。明確な目的がはっきりしないまま社会に出ることに米良さんは疑問を感じた。そのことがきっかけとなり、社会で働く目的を真剣に考えるようになった。さまざまな本を読んだりして、その答えを探してみた。その中で自分の持っているポテンシャルを生かしながら、新しい社会の仕組みを考える人間になりたいと思うようになった。そうした時期に、インターネットには新しい仕組みをつくれる可能性があることを知った。その力をうまく使えば、個人であっても権力や社会と平等に闘うことができ、一日で新しいインフラを確立することだって可能だ。これからインターネットが変えていく世界のことを考えると、米良さんはゾクゾクしてきた。事実、その後起きた「アラブの春」と呼ばれているエジプト革命は、一部でフェイスブック革命とも呼ばれている。多くの人々がソーシャルメディアでつながり、当事者意識を持つことから革命は始まった。フェイスブックを使って集まった人々が、ソーシャルメディアを有効に使いながら結びつき、連携しながら動いた。世界中からソーシャルメディアを使った支援が集まり、市民にも共感の輪が広がった。武器を使わず武力政権をひっくり返したこの事件は、人類史に残る新しい形の革命になった。この革命が成功したことで、ソーシャルメディアには人々に当事者意識を持たせ、アクションに結びつける力があることを実証した。

米良さんは「社会の中で、自分がつくる側に行かなければ、アウトソーシングされる側になってしまう」という危機感を持った。もう一つ思ったのが、「自分たちはインターネットの出現によって、社会の仕組みが大きく変わるタイミングに生きている。これからは、個人が大切な時代になる」と確信した。エジプト革命に象徴されるように、意志を持った個人がつながると、場合によっては政治家以上の力も持てる。「人と人が出会うことで、新しい何かが始まり、社会で面白いことがたくさん起きることは素晴らしい。インターネットを使って、そうしたアクションを加速させたい、素敵な出会いをたくさん生み出したい」と米良さんは思った。

〔米良はるかからのメッセージ〕
私と同じ世代の人に、もっとアクションを起こしてほしいと思う。以前の私のように、自分のやりたいことがある、と少しでも感じている人がいたら、自分の人生は一度きりしかないのだから、常識にとらわれすぎずに、自分の心の声に耳を傾けて、その声を大切にしてほしい。それと、自分が全力を出せる場にこだわってほしい。それが見つかるまで、立ち止まったり、やり直したりすることを恐れないでほしい。そうした個人の強い思いが、社会を良い方向に変えていくのだと考えているし、信じている。

自分のやるべきこと見つける

米良さんが慶應義塾大学の四年生のときに、東京大学准教授の松尾豊さんとの出会いがあった。松尾さんは東京大学工学部の准教授で人工知能とウェブ、ビジネスモデルに関する研究を行っていて、人物検索サイト「スパイシー」を立ち上げていた。「スパイシー」は、その当時でも五〇万人ものデータを持っていて、日本においては圧倒的なデータ数を誇っていた。「スパイシー」の研究に参加するようになり、米良さんはソーシャルメディアの出現により、人種や距離や地位に関係なく人と人がフラットにつながるようになると思った。個人が重要なアクションを行いたいと思ったときに、こうしたシステムが機能し、多くの人がサポートしてくれて夢が実現できたら素晴らしいと思った。他人事だった問題を身近に感じさせ、その問題を解決するためにプロジェクトの一員として参加して、自分事としてゴールを見守る。そのアイデアを実行するため、二〇〇九年に個人に対して皆が応援できるサイト「チアスパ」を立ち上げた。その中で、冬季パラリンピックの荒井監督のスキーチームを支援するためのプロジェクトを実行して、一〇〇万円の寄付を集めた。残念ながら知名度とシステムが完成していない「チアスパ」は、それほど機能してくれなかった。一〇〇万円を集めることができたのは、既存メディアに取り上げてもらったり、周りの方々に多大なサポートをいただいたからだ。寄付を集めるために、大変な時間とエネルギーを使ってしまった。そうした意味で「チアスパ」は失敗だった。しかし、米良さんは心の中で確信した。仕組みやシステムを改良すれば、必ず頑張っている個人をたくさんの人が応援することができる革新的なシステムになると思った。

そのためには、もう少しウェブのことを勉強する必要があると感じて、慶應の大学院に進学、アメリカのスタンフォード大学に留学した。留学中にも「チアスパ」を改良するため、クラウドファンディングを研究した。その頃、米良さんは「どうしてもこのシステムを早く実現させたい」と気持ちがとても焦っていた。後に知ることになる、「キックスターター」が先にサービスを開始することを予感したのか、あるいは、これから日本で起きる未曾有の大震災を虫の知らせで感じていたのかもしれない。

さらに研究を進めているときに、アメリカでクラウドファンディングを使った「キックスターター」が、話題を集めていた。米良さんが「チアスパ」を改良して始めたいと考えていたシステムで、「キックスターター」の方が先にサービスを開始していたのだ。二〇一二年五月、「キックスターター」は、スマートフォンと連動した超薄型の腕時計の開発資金を集める「ペブル」プロジェクトで、目標金額八〇〇万円に対して、八億円もの資金を集めることに成功した。「キックスターター」は、クラウドファンディングの持つ可能性を改めて世界に指し示した。二〇一〇年の冬にアメリカから帰って来た米良さんは、急いでプロジェクトを立ち上げる準備を始めた。プロジェクトに必要なスキルを持ったメンバーを探して、三カ月だけ協力してほしいと頼み込み、強引にチームに引き込んだ。こうして二〇一一年の三月二十九日に、日本初のクラウドファンディングサービス「READYFOR?」がサービスを開始した。残念なことに立ち上げる直前に、東日本大震災が起きてしまった。しかし、米良さんが何かに突き動かされるように立ち上げた「READYFOR?」は、必死の思いで東日本大震災の支援活動をしている個人をたくさんの人々に知ってもらい、活動の意義を伝え、共感と寄付を集めることに素晴らしい力を発揮した。

「READYFOR?」が生み出すもの

筆者は、米良さんがどうして個人を応援するシステムにしたのかと尋ねてみた。彼女はあるとき、美大生のアニメーターであるひらのりょうさんに出会った。彼は学生デジタル作品コンテストのグランプリを受賞して、アニメーション制作活動に本気で取り組んでいた。ただし、そのときは明日食べる物もなく、作家活動を続けて行く自信がないと米良さんに相談しに来ていた。政府は日本のアニメーションは、世界に誇る大切な文化であり、重要な輸出産業であると誇らしげに言っている。しかし、やる気と才能のある一人の若者をほんの少しだけでもサポートをするシステムさえないのはおかしいと憤りを感じた。そんなタイミングにインターンシップで来ていた若者が、偶然ひらのさんのことを知っていて、「ひらのさんの作品のファンなので、これからも頑張ってくださいね」と声をかけた。それまで、元気のなかったひらのさんが、その励ましの言葉をもらいとても元気になった。そのときにたった一人の応援でもあれば、人を勇気づけられることを米良さんは改めて感じた。こうした経験や人間を大切にする米良さんの温かいまなざしが、「READYFOR?」のシステムに生かされていることを取材を通して知った。

「READYFOR?」は、お金に新しい価値を与えている。これまでのお金の流れは資本主義の欲望の原理で新しさ、便利さ、優越感を得ることに流れていた。しかし、欲望の津波にストップをかけ、もっと本質的に大切なものにお金が流れていくようになれば、世界はきっと素敵な変化を起こすと米良さんは信じている。「READYFOR?」は、単なるインターネットを使った寄付集めのシステムではないと筆者は感じた。そこでは、実行者や応援者たちの新たな物語が生まれ、これまでの寄付システムとは違う価値が生み出されている。プロジェクトが実行されることによって、たくさんの目に見える笑顔が生まれ、まったく新しいコミュニティを創出する場所になっていると思った。

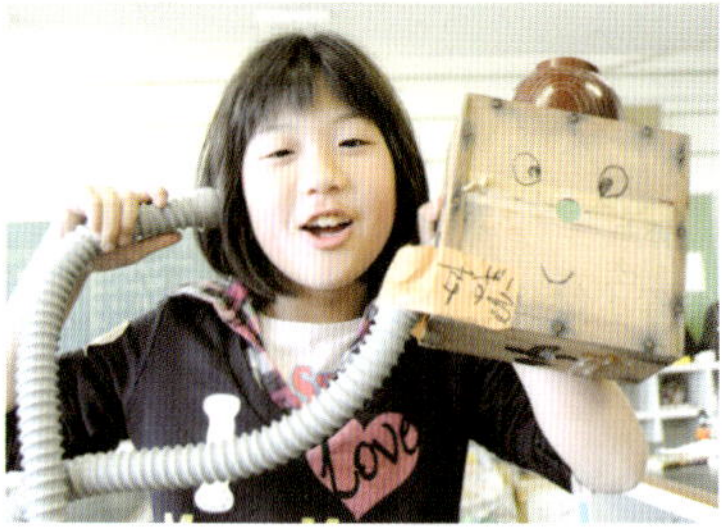

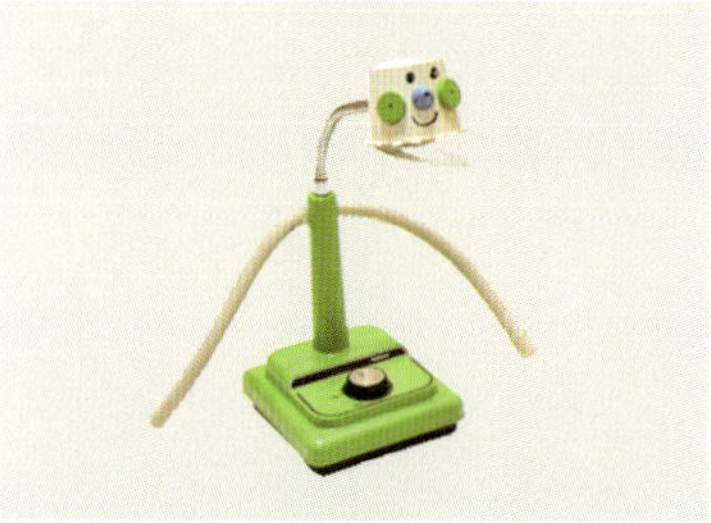

〔左〕「ワタノハスマイル」イタリア展プロジェクト・支援金額四二二万九〇〇〇円　石巻市立渡波（ワタノハ）小学校の子どもたちがガレキでオブジェを制作した。それがイタリアで展示されることになり、子どもたちをイタリアへ招待してあげる渡航費を集めるプロジェクト

海外の事例 02

Project Tamar（タマル計画）

ギイ&ネカ・マルコヴァルディ夫妻は、ブラジルで絶滅の危機にあるウミガメを守るために、エコツーリズムのモデル計画を成功させた。ウミガメは、地元住民にとっては昔から貴重な収入源なので、カメを殺して甲羅を手に入れたり、卵を食料にしていた。一九八〇年になり、ブラジル政府もようやく海洋生物の保護に乗り出した。しかし、それが違法とわかっていても地元住民は、そのわずかな収入で家族を養っている。ウミガメを保護するためには、代わりの収入源を住民に確保する必要があった。あるとき、海岸沿いの小さな漁村のプライア・ド・フォルテに一大リゾートパークの開発計画が持ち上がった。マルコヴァルディ夫妻はここをエコツーリズムのモデル地域にするために、開発企業と協力してリゾート計画を進めた。その結果、プライア・ド・フォルテは保護センターや孵化を見学するイベントなど、ウミガメを観光の呼びものとしたリゾートに生まれ変わった。保護活動を行っている情報センターには、毎年一五〇万人もの観光客が訪れるようになり、地元に一二〇〇人以上の雇用を創出している。かつてカメを殺すことで生活をしていた地元民たちは、カメを守ることで生活を向上させるようになった。

SoulCity（ソウルシティ）

ガース・ジャフェットさんは南アフリカで、医師として貧困層の治療を続ける中で、ほとんどの患者がちょっとした知識と努力があれば、発病からのがれられたことに気づく。南アフリカのテレビの普及率は七十六％。しかし、こうしたメディアで公共衛生や健康の話題が取り上げられることはなかった。メディアは大衆の心を動かす計り知れない力を持っている。ガース・ジャフェットさんはメディアが医学に歩み寄ってくれないのだから、医学がメディアに合わせれば良いと考えた。一九九四年、ユニセフの助成金を受け、国民の健康や衛生に関する知識を高めるためのテレビ番組「ソウルシティ」を制作した。魅力的なシナリオで楽しませながら、予防医学を教育するテレビドラマ「ソウルシティ」はすぐに高視聴率の人気番組になった。番組を見た若い女の子たちは、恋人にコンドームを使ってほしいと恥ずかしがらずに言えるようになった。予防医学の分野では、その効果を数値で表すことが難しい。だが、番組の意識改革効果についてさまざまな調査が行われ、「ソウルシティ」は国民の習慣を変えることに大きく貢献したと結論づけている。

Project Impact（プロジェクト・インパクト）

世界には四五〇〇万人の盲人がいて、その九割がインドをはじめとする途上国に住んでいる。失明の原因の三分の二は、白内障である。途上国では白内障の治療方法が一般に普及しておらず、費用がないためそのまま失明することが多い。白内障による失明の治療は、濁った水晶体レンズを取り除き、人工水晶体をはめ込む外科手術が最も有効だ。しかし、途上国では水晶レンズは庶民には手の届かない価格だった。デビット・グリーンさんは一九九二年に、セバ財団やアラビンド眼科医院などと共同でインドに安価な水晶体レンズを製造するオーロラブ社を設立。まず、ハードの水晶体レンズを安価に生産する方法を研究し、それまで三〇〇ドルだった価格をなんと五ドルにまで引き下げた。レンズが安くなっても手術を受けなければ意味がない。そこでプロジェクト・インパクトは画期的な価格設定を考案した。それは多層値段付与システムである。レンズや手術費用を患者の収入に応じて三段階に分け、無収入かそれに近い人四十七％の患者は「無償」、三十五％が「実費の三分の二」、十八％が「実費を上回る値段」になっている。このシステムを考案したことにより、貧困層も手術を受けることができるようになった。アラビンド眼科医院は、画期的な価格システムにより、年間二十二万人の手術を行う世界最大の眼科医院となり、利益を上げて寄付に頼らない独立経営を可能にしている。

Soccorso Clown（ソッコルソ・クラウン）

ソッコルソ・クラウンは入院生活を送っている子どもたちの病室にピエロが訪問して、手品やシャボン玉などを披露し、患者の家族も巻き込んで、楽しい空気を作ってあげる。入院中の子どもの恐れや不安を軽減するヨーロッパ初の医療向け「ホスピタル・クラウン・プログラム」である。創立者ユリ・オルシャンスキーさんは、ニューヨークのビッグアップル・サーカスの「ホスピタル・クラウン・プログラム」をベースとしてソッコルソ・クラウンを立ち上げた。ユリはイタリアで演劇教授として働きながら、ホスピタル・クラウンをスタートさせたが、最初の五年間は寄付金もなかなか集まらず苦労をした。一九九五年、シルク・ド・ソレイユでピエロをしている兄のヴラドミル・オルシャンスキーさんと一緒にパイロットプログラムを開始した。パイロットプログラムは大成功で、予想した以上の反響が入院中の子どもたちとその家族から返ってきた。子どもたちの家族は、クラウンプログラムが存続できるように、自発的に資金集めを始めてくれた。二〇〇三年から二〇〇四年までに、九軒の病院で一万六〇〇〇人を超える子どもたちが、このプロジェクトの恩恵に与かった。その中には、まったく回復の見込みがなかったエイズ感染の子どもが退院し、普通の生活に戻ったという例もある。六〇〇時間の訓練を受けたプロの役者が「道化」として行うホスピタル・クラウンは、子どもたちに笑顔をプレゼントするだけでなく、手術後の回復が早まることも実証されている。

Seeds of Peace（シーズ・オブ・ピース）

数百年にわたって、敵対心を持ち続け、傷つけ合っている民族が世界中には数多く存在する。この民族対立の中でもパレスチナ系アラブ人とイスラエル系ユダヤ人の衝突は、長年激しい対立になっている。「シーズ・オブ・ピース」は、中近東専門ジャーナリストの故ジョン・ワラックさんが始めた活動である。ワラックさんは、一九九三年にパレスチナ系アラブ人とイスラエル系ユダヤ人の子どもたちを一緒にして、三週間のサマーキャンプを催した。米国のメイン州に、各政府から選ばれた四十五人の若者が集まった。自国に戻れば敵同士の若者たちは、一対一で向かい合い、お互いの憎悪を吐き出した。それを何時間も何日も続けて繰り返す。感情的にへとへとに疲れた後に芽生えてきたのは「妹や祖父を殺した相手は許せない。でもこのキャンプで会った相手には、心の触れ合いと友情を感じてしまった」。絡みきった糸がわずかにほぐれ始めた。こうして芽生えた「平和の種」を枯らさないために、一九九九年、エルサレムに両民族が交流する友好の場、「共存センター」が建設された。「共存センター」には、キャンプの卒業生がいつでも連絡できるホットラインを設置し、精神分析医やカウンセラーにも常時面会できるようになっている。このサマーキャンプには、毎年数百人の若者が集まって対話を交わしている。その崇高で革新的な活動は、国連などで高い評価をされ、ユネスコ平和賞を受賞した。

13

助けあいジャパン　佐藤尚之

ソーシャルメディアで民と官をつなぎ、新しい被災地支援のカタチを生み出す。

佐藤尚之さんは、「これまでの災害時における緊急支援のシステムのままでは、相当まずい」と語る。今回の震災で、国や官僚のトップが、必死になって対策にあたっている現場に佐藤さんは立ち会った。被災地で不眠不休で頑張っているＮＰＯやボランティアの人々も直接見てきた。そこに何が足りてなかったのかを身体で理解できた。佐藤さんは広告やＩＴ業界では「さとなお」の名前で知られる有名人である。まだ誰もソーシャルメディアを使って個人が情報を発信するチカラに気づいていない時期から、ソーシャルメディアが世界中のコミュニケーションを変えてしまうことを確信していた。佐藤さんは「WWW.さとなお.COM」の個人サイトを一九九五年から始めて、二〇一二年現在四五五〇万アクセスを誇り、ツイッターのフォロワーが七万人もいる。サイト上で書いた文章は、すでに一〇冊以上の書籍として出版されている。

佐藤さんは阪神・淡路大震災の被災者でもある。当時、広告代理店の電通関西支社勤務で、神戸でも一番揺れた地域に住んでいた。奥さんは臨月を迎えていた。震災直後は家具などが倒れてめちゃくちゃな状態だった。幸い電気は通っていたので、テレビをつけると、ある局が「今東京でこのレベルの地震が起こったらどうなるか」といった特集をしていた。すぐそばで人が亡くなり、助けを求めている人々がいるのに何をやっているんだと腹がたった。ネットはどうなのかと思い、ひっくり返っているものの中からマッキントッシュを救出して立ち上げてみた。当時は検索機能などなかったが、地道にポコポコと神戸の情報を発信している人たちがいた。「今ここに水があります」とか、必要な情報が載っていたりした。ネットが出現するまでは、我々個人は情報を世界に発信することなどできなかった。いまや個人が発信することができるメディアが出来、必要な情報が必要

佐藤尚之　Naoyuki Sato
コミュニケーション・ディレクター。（株）ツナグ代表。公益社団法人助けあいジャパン会長。復興庁政策参与。一九八五年、（株）電通入社。JIAA グランプリ、ACC賞など受賞多数。二〇一一年四月独立。ソーシャルメディアを中心にした次世代ソリューションを提供する（株）ツナグ設立。一九九五年より個人サイト「www.さとなお.com <http://www.xn--t8jva1di.com>」を運営。著書に「明日の広告」「明日のコミュニケーション」（アスキー新書）、「うまひゃひゃさぬきうどん」（光文社知恵の森文庫）、「沖縄やぎ地獄」（角川文庫）、「極楽おいしい二泊三日」（文藝春秋）、「沖縄上手な旅ごはん」（文藝春秋）、「人生ピロピロ」（角川文庫）、「ジバラン」（日経BP社）など。

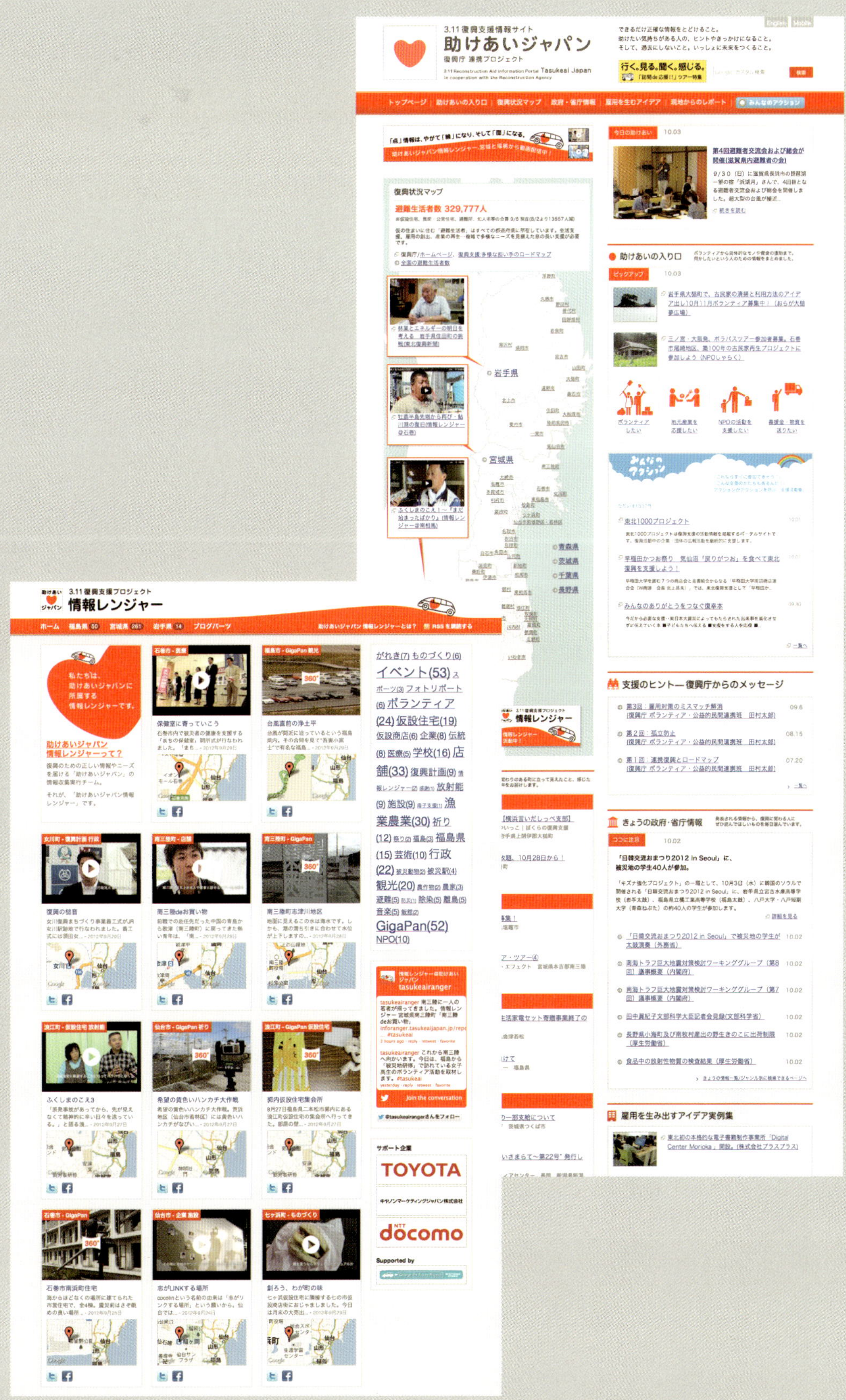
3.11 復興支援情報サイト
助けあいジャパン
復興庁 連携プロジェクト
行く。見る。聞く。感じる。
トップページ
助けあいの入り口
復興状況マップ
政府・省庁情報
雇用を生むアイデア
現地からのレポート
みんなのアクション
今日の助けあい
第4回避難者交流会および総会が開催(滋賀県内避難者の会)
復興状況マップ
避難生活者数 329,777人
岩手県
宮城県
青森県
宮城県
千葉県
長野県
助けあいの入り口
ピックアップ
ボランティアしたい
地元産業を応援したい
NPOの活動を支援したい
募援金・物資を送りたい
東北1000プロジェクト
みんなのありがとうをつなぐ復車本
支援のヒント―復興庁からのメッセージ
きょうの政府・省庁情報
「日韓交流おまつり2012 in Seoul」に、被災地の学生40人が参加。
雇用を生み出すアイデア実例集
3.11 復興支援プロジェクト
情報レンジャー
ホーム
福島県 50
宮城県 261
岩手県 14
ブログパーツ
私たちは、助けあいジャパンに所属する情報レンジャーです。
助けあいジャパン情報レンジャーって?
保健室に寄っていこう
台風直前の浄土平
復興の狼音
南三陸お買い物
南三陸町志津川地区
ふくしまのこえ3
希望の黄色いハンカチ大作戦
郷内仮設住宅集会所
石巻市南浜町住宅
恋がLINKする場所
創ろう、わが町の味
イベント(53)
ボランティア
仮設住宅(19)
学校(16)
復興計画(9)
放射能
漁業農業(30)
福島県
芸術(10)
行政
観光(20)
GigaPan(52)
NPO(10)
tasukeairanger
Join the conversation
サポート企業
TOYOTA
docomo
Supported by

な人と場所に届けられる可能性があることを肌で感じ、すぐさま個人サイトを立ち上げた。そして時は流れ、二〇一一年三月十一日に東日本大震災が発生した。ソーシャルメディアを有効に使えば、被災地が緊急に必要としているものを必要な人や場所に届けることができる。佐藤さんは「これは僕がやらなければ駄目だ」と直感的に感じた。

鳩山ツイッター

佐藤さんは二〇〇九年九月に、あるきっかけで首相になったばかりの鳩山由紀夫首相と夜ごはんを食べる機会を得た。首相と一緒に食事の席にいられるなんて一生のうちそうはないことなので、伝えたいことを用意していった。「せっかく政権交代したんです。自民党的な密室トップダウン政治からも脱却すべきです。いま国民はこんなツールでフラットにつながり始めています。ツイッターです。問題意識と当事者意識を持った人々がつながりやすいツールで、さまざまなプロジェクトがこの上で起こり始めています。オバマもこのツールを積極的に活用しています。首相がいる『場』に国民を呼ぶのではなく、国民がつながってやりとりをしているこういうフラットな『場』に、ひとりの『人』として首相が入っていって対話に加わってください。そうすることにより彼らにとって首相が身近になり、ひいては政治も身近になります。政治が身近になるということは、政治への無関心や不信が払拭される道筋ができるということです。まずはそこからコミュニケーションを変えていくべきです」と訴えた。佐藤さんはMacbookを開いてツイッター画面を直接首相に見せ、その場で「なぜか鳩山首相とご飯中。居酒屋の小さな座敷。たまに実況できたらします。ツイッターも勧めてみる」とツイートし、それに対しての尋常でない数のRTも首相に読んでもらった。「いま皆さんの返信をパソコンで読んでます。首相が」とツイートしたときは、ツイッター上の盛り上がりは最高潮に達した。その一カ月半後に松井孝治官房副長官（当時）から連絡があり、首相が興味を持っているので、と、二度目の会食の機会を得た。その席で「政治への無関心、政治への無力感などはすべて『国民と政治家の距離が遠い』という問題に収束されます。それを解決するために『国

〔右〕助けあいジャパンミーティング風景

民と政治の距離を近づけるための民間ワーキンググループ』を作り、ソーシャルメディアを中心に一人の人間である首相の姿を国民に直接発信するお手伝いをします」と伝えると、首相はその場で「すぐやろう。協力をよろしく」と快諾してくれた。佐藤さんは、平田オリザ、佐々木かをり、小山薫堂をはじめとする民間チームを編成して、二〇一〇年元旦から、首相のバックで活動を始めた。ツイッターとブログとリアルなカフェを組み合わせ、国民と首相が対話する道筋を作った。首相のツイッターは七〇万フォロワーを集め、国内二位のフォロワー数になった。しかしながら、ソーシャルメディア施策を始めてたった五カ月後に鳩山さんは首相を辞任してしまった。そういう意味でコミュニケーション改革は道半ばに終わったが、ただ、情報を専門に扱う省庁もなく、首相のバックに十分なコミュニケーション・チームすら持たない日本政府の現状において、短期間とはいえ画期的なことができたと思った。「少しだけ国民と政治をツナグことができた」と佐藤さんは感じた。この活動は、東日本大震災が発生して民と官が連携した民間プロジェクトの画期的な支援プロジェクト「助けあいジャパン」につながっていく。

民と官をツナグ

阪神・淡路大震災の際、たとえばある避難所ではパンが足りないが毛布が大量に余っている、すぐ近くの別の避難所では、パンが大量に余り逆に毛布が足りない、パンが足りない避難所が報道されるとパンが全国から殺到して山積みになる、一方で、別の避難所ではまだパンが足りない、みたいなことが各所で起こっていた。佐藤さんは阪神・淡路大震災を経験していたので、東日本大震災ではそうした状況がさらに大きくなることが容易に想像できた。震災の翌日、「鳩山ツイッター」で一緒にコミュニケーションを構築した松井孝治官房副長官にメールを出した。「情報は水や食料と同じライフライン。なるべく正しい情報をなるべく早く、被災地と、被災地を支援したい人に提供しないといけません。ソーシャルメディア上でたくさん流れている情報を活用したサイトを作るべきです。ただ、それだけでは情報の正確性に欠ける場合があるので、なるべく正しい情報を広めるために、政府や自治体、NPOなどから得られる情報も同時に提供していく必要があります。つまり、民と官が連携した新しい形の情報サイトが必要です」。彼はすぐにその必要性を理解してくれた。佐藤さんの呼びかけに次々と集まってくれた石川淳哉さん、佐藤澄子さん、斉藤徹さんなどの仲間と、徹夜でサイト構成や基本レイアウト、ネーミングやロゴタイプなどを作り、翌日にプレゼンして震災三日後には政府から正式にゴーが出た。異例の早さだった。ただ、行政のトップに直接プレゼンしていて、この甚大な被害を迅速に整理して発信し、国民とコミュニケーションをとっていく担当者が、政府に数人しかいないことに気づいた。あまりにお粗末だと感じると同時に、自分たちのやろうとしていることの重要性を強く感じた。こうして「民間サイトに政府が情報を提供する」という今までにない革新的なプロジェクトが始まった。政府からは一銭ももらわず、ボランティアでの運営に徹した。同じ頃発足した内閣官房「震災ボランティア連携室」と連携し、情報を取りまとめて広く発信するのがミッションだった。民間プロジェクト「助けあいジャパン」にはコアメンバーが五〇人くらい、それ以外に日本のコミュニケーション業界のトップクラスを含め、数百人集まってくれた。システムの構築に始まり、プロジェクトを有効に動かすために、佐藤さんはほとんど眠らずに働いた。震災後の二週間は眠った記憶がないという。これまで災害に対するボランティアや寄付は、個人個人がそれぞれバラバラに動いていた。そういう人たちがソーシャルメディア上で横につながり、話し合い、分担し合い、さまざまなアクションがいろいろな場所で起こった。しかし、実際に活動を始めてみると問題が次々に出てきた。今回の被災地である東北沿岸部は老人が多くて、ネットどころか携帯さえも使っていない人がたくさんいることがわかってきた。そこで、ソーシャルメディア以外でもあらゆる方法で情報を集めて、ネットで被災地以外の人に向かって支援情報を発信することに徹した。政府だと全員公平が大前提なので、その条件が整うまで一歩も動けなかったりするが、「助けあいジャパン」は民間プロジェクトなので、多少不公平でも構わない。そのことを有効に利用して、支援情報を発信し、支援物資などがなるべく早く届くように動いた。

　復興庁連携プロジェクト「助けあいジャパン」は、公益社団法人の認可も受け、試行錯誤を繰り

［右］助けあいジャパン情報レンジャーのスタッフと専用カー

返しながら継続的に活動を続けている。サイト上の助けあいの入口は「ボランティアをしたい」「地元産業を応援したい」「NPOの活動を支援したい」「義援金・物資を送りたい」など、さまざまな情報をカテゴリーに分けて提供している。また、復興庁など政府からの情報も提供している。「助けあいジャパン」は、何か被災地支援を行いたいと考えている人にとって、最も信頼性があり、多くの情報を提供しているサイトであることは間違いない。

「助けあいジャパン」は基本的に情報支援なので、直接現地でボランティアを行って笑顔をもらったり感謝されることがない。そのために何だかやりがいがないと思い離れていく人もいた。しかし、情報が届かなくて亡くなる人もいる。「情報は食料や水と同じくらいの重要なライフライン」と佐藤さんは語る。その中でも直接現地で行っている活動もある。「助けあいジャパン情報レンジャー」は、石川淳哉さんが中心になって、正しい情報やニーズを届ける「助けあいジャパン」の情報収集実行チームである。「助けあいジャパン情報レンジャー」のスタッフを乗せた専用車がくまなく被災地を巡りながら情報を集めて、リアルな現地の状況や人々の声を動画としてサイト上で配信している。佐藤さんが阪神・淡路大震災の際に一番心強かったのは、数年経っても同じように被災地に来てくれる人々の存在だったと語る。ソーシャルメディアを見ていない老人たちに対しても継続的に会いに行くことを行っている。いっぱい回れば、点が線になり、面になる。それを何年にもわたって続けることで、少しでも勇気づけられればと考えている。震災から一年以上経過すると、被災地以外の人々の関心が次第に薄くなってくる。しかし、被災地ではまだまだたくさんの支援を必要としている。そうした被災地の現状を少しでも多くの人に知ってもらうために、ボランティアツアーや「訪問 de 応援！！ツアー」、「きっかけバス」など、さまざまなツアーも企画している。「助けあいジャパン」には、この誌面では伝えきれない多様なプロジェクトがある。詳しくは、サイトを検索していただきたい。

「助けあいジャパン」の他にも、「くらしのある家プロジェクト」を内藤久幹さんやイラストレーターの黒田征太郎さんらと一緒に行っている。無機質な仮設住宅は、ちゃんとした表札もないし、同じ形がずっと並んでいて、人の温もりを感じない。仮設住宅の住民にそう聞いて、壁にカブトム

〔左〕助けあいジャパン情報レンジャーの取材風景

シとかレタスとかメロンの絵を黒田さんに描いてもらった。すると近所同士で亀棟とか金魚棟などと呼ぶようになったり、地元の人が絵を見に来たりした。ちょっと人の動きができて、みんなが楽しげになった。さらに表札も作った。アートは生活必需品ではないけれど、街に色が甦り、人を動かしていく様子を見て、佐藤さんは改めてアートの力を肌で感じた。

「歌う」から「動く」へ舵を切る

佐藤さんは、「これから発生する大災害に対して最も機能する支援システムを構築するには、もっと根本の政府や自治体のコミュニケーションに切り込んでいかなければ駄目だ」と感じている。だからこそ、「助けあいジャパン」では民と官をつなぐ努力をした。必要とされている力やお金を、必要とされている所に届けることが、被災地支援では一番有効であると考える。現場で何万人ものボランティアが必死になって頑張っていても、政府や自治体が正しい情報を手に入れて迅速に対応できるようにしなければ、ものすごいエネルギーやお金を浪費してしまう。佐藤さんはこのプロジェクトを通して、問題を解決するために必死になって頑張っている政治家や官僚に出会った。でもそういうことが民間に少しも伝わっていない。誤解がある。もっとお互いに理解し合い、オープンにつながって変革していけないか。そう考えている。

二〇〇六年トリノオリンピックの開会式で、オノ・ヨーコが「一〇億人の人が平和について考えれば平和は訪れる」とスピーチをした。ピーター・ガブリエルが「イマジン」を選手や観客たちと一緒に大合唱した。感動的だった。鳥肌がたった。しかし、U2のボノは「レノンの歌で一番嫌いなのは、イマジン。こうなるといいな、と頭で考えているだけでは駄目だ」と発言した。ボノは「イマジン」の素晴らしさを認めた上で、「歌うだけで自ら酔ってしまい、アクションを起こさなかったのではないか」と問いかける。現に戦争は起こり続けているし、オノ・ヨーコの住むアメリカの湾岸戦争も止められなかった。世界を変えるためには、美しいコンセプトを「歌う」だけで酔っていては駄目な時代になっている。ソーシャルメディアには、世界中にバラバラに点在している思い

〔佐藤尚之からのメッセージ〕
世の中を良い方向に変えるためには、行政や官庁を「敵」と考えるのは古い。そちら側にいる人々も必死に頑張っている。社会を真剣に変えたいのなら、狭い視野で社会を見ることをやめたほうが良い。ちゃんとコミュニケーションをとって、お互い足りないところを補い合って、一緒に変えていかなければ、小さなアクションはたくさん起こせても、革新的な改革は難しいと思う。それから、やらずに文句を言っている人は嫌い。自分のできることや持っているスキルがあれば失敗しても良いので、文句ばかり言わずに、とにかく打席に立って立ち向かってみた方がいい。打率より打数が絶対に大切。打てそうなときにだけ打席に立つのは意味がない。人生は打数。打席に多く立とう!

やアクションをつなぎ、動かす力がある。エジプト革命が、人類史上初めて武器を使わずに軍事政権を終わらせたように、ソーシャルメディアは人々に当事者意識をもたせ、「関与する生活者」を生み出す。そして元からいた「実際に動く人」とつなげ、共感で強く結びつけ、その行動を加速させる「場」なのだ。ようやく「歌う」から「動く」へ世の中が舵を切り始めた。佐藤さんは最後に、これからはコンセプトの時代ではなく、アクションの時代であると締めくくってくれた。

（左）「くらしのある家プロジェクト」で明るさを取り戻した仮設住宅とプロジェクトを実施中のイラストレーターの黒田征太郎氏

14 キャベツ畑の中心で妻に愛を叫ぶ　山名清隆

コミュニケーションの視点を変えれば、社会が変わる。

日本武尊(ヤマトタケル)が亡き妻の弟橘姫(オトタチバナヒメ)を偲んで、吾妻山の鳥居峠から「鳴呼わが妻よ〜!」と叫び、嘆き悲しんだ故事にちなんで、群馬県にある嬬恋村の名前が生まれた。それから一九〇〇年たった同じ場所で、再び現代の男たちが、恥ずかしげもなく妻に愛を叫んでいる。このイベント「キャベツ畑の中心で妻に愛を叫ぶ」の仕掛け人が、日本愛妻家協会の事務局長でもある山名清隆さんだ。同協会のイベントは「キャベチュー」として話題になり、静岡では「チャバチュー」、伊勢市では「メオチュー」など全国に勝手に広がっている。ありとあらゆるメディアが愛妻家協会の「キャベチュー」を紹介し、CNNやCBSのニュースにまでになってしまった。

この心温まるイベントは、ふとしたきっかけから始まった。山名さんは仲間と嬬恋に来ていたときに、嬬恋村の名前の由来を知った。日本人は一番身近な妻に対して、ちゃんと口に出して感謝や愛情を伝えるのが苦手だ。「だったら、ここでヤマトタケルのように妻に愛を叫んではどうだろう」と話が盛り上がった。歴史を調べて叫ぶ場所や方角など検証し、叫び方の作法も考えた。そうしたことが、読売新聞に大きく報道された。シャレで始めたイベントに、二〇人ものテレビ局をはじめとするさまざまなメディアが集まってしまった。叫ぶ人の募集はほとんど行っていなかったので、果たして誰か来てくれるのか半信半疑で待っていた。その男は、予定時刻を一〇分過ぎて妻と子どもを連れてやって来た。しかも、ちゃんとスーツを着ていた。ホテルの支配人をやっているその男は、ベニヤ板の叫び台で見事にキャベツ畑の中心で妻に愛を叫んだ。あまりにも素直で純粋な行動に、スタッフや取材陣はすっかり感動してしまった。すると、取材で来ていた新聞社の人が「僕にも叫ばせてほしい」と言って妻に愛を叫んだ。その様子をテレビ局が撮影して、何だか不思議なイベン

山名清隆　Kiyotaka Yamana
ソーシャルコンテンツプロデューサー
(株)スコップ代表取締役社長　一九六〇年静岡県菊川市生まれ。国際博覧会ディレクター、米国食文化情報誌編集長、テレビ番組キャスターなどを経てスコップを起業。社会的動機を高めて主体的に連携を生み出すSOCIMO(ソーシャルモチベーション)マネジメントを提唱。日本愛妻家協会、東京スマートドライバー、おもいやりライト運動など、創造性と元気さが広まるコミュニティをプロデュースしている。【表彰】国土交通省「優秀技術者表彰」総務省「地域づくり総務大臣表彰」【報道】CNN、CBS、CSM、NHK、ARD、EFE ほか【講師】東北芸術工科大学非常勤講師　神戸大学特別講師【URL】(株)スコップ
http://s-cop.jp

トになってしまった。しかし、そのキャベツ畑はとても幸せで温かい場となった。ベニヤ板一枚から始まったイベントは年々大きくなり、今や嬬恋村の村おこしに一役かっている。観光バスが止まる駐車場が整備され、立派な「叫ぶ舞台」の周りには花畑まで出来ている。魅力的なアイデアと地元の人が継続的に関わっていけば、無駄なお金を使ってハコモノを作らなくても村起こしができることを実証した。

山名さんは「この素晴らしいイベントを継続させたい」と思い、日本愛妻家協会を立ち上げた。現在、山名さんが代表を務める（株）スコップは、「社会に感動と笑いが沸き起こる事件を提供して、明るい未来を創るソーシャルコンテンツ・プロデュースカンパニー」というコンセプトを掲げている。「ソーシャルアクションが社会に広がり、みんなが笑顔になるためには、自分たちが楽しくなければ絶対に駄目だ」と山名さんは確信している。なぜ山名さんはソーシャルコンテンツ・プロデュースカンパニーを立ち上げて、明るく笑顔のある未来をつくりたいと思ったのか。山名さんの人生を振り返るとそれが見えてくる。

人生劇場からの学び

静岡で生まれ育った山名さんは、インテリアデザイナーに憧れて名古屋のデザイン専門学校に入学した。テレビコマーシャルの仕事がしたいと思い制作会社に就職したが、そこは舞台美術の会社だった。入社三年目に、モード学園・名古屋校のイベントのセットデザインを任されて、自分でプランニングから制作までを行った。そのことがきっかけとなり、イベントプランナーの仕事に興味を持ち、東京のイベントプランナー養成講座に通うため、会社を辞めて思い切って上京した。小さなイベント会社でバイトをしながら生活費と受講料を稼いだ。二十五歳のとき、つくば万博でのコンパニオンを教育する仕事がきて、つくばの現場に住み込みで働くことになった。イベントの仕事といっても、馴れないスーツを着て、これまで経験したことのない仕事の連続だった。山名さんは三カ月目にストレスで倒れてしまい、三日間意識が戻らなかった。国に採用されたコンパニオンをお堅いマニュアルに従って教育指導する役目、「このままではこれ以上続けられない」と思い、彼女たち一人一人に向きあって自分らしくコミュニケーションをとることにした。そうしてみると彼女たちはこの仕事を通して、「良い思い出」を作りたいと願っていることがわかった。山名さんはカナダ館の男性との合コンを企画したりして、一生懸命に彼女たちの楽しい思い出づくりをプロデュースしてあげた。すると、みるみるコンパニオンのモチベーションが上がり、素晴らしいチームになった。素人同然の山名さんの教育成果は、周りにいるプロの教育係から注目を集めた。山名さんにとって、ルールや常識に従って仕事に取り組むことより、自分なりに本質を捉えて企画することや、チーム全体で仕事を楽しむことの大切さを知る貴重な経験となった。そうした評判が、新しい仕事場へステップアップするチャンスを引き寄せてくれた。

時代はバブルの真っ直中。ニューヨークの情報を集めたフードマガジンの編集長をいきなり任された。それが大ヒットし、あれよあれよと言う間にトレンドリーダーになり、テレビの番組まで持つ人気者となった。マスコミにも引っ張りだこで、仕事も面白いように入ってきた。そんな中、静岡の新聞社の取材を受け、地元紙に大きく紹介してもらった。母親に感想を聞くと冷たい返事が返ってきた。自分の活躍を喜んでくれると思っていたのに、まったく逆の反応にショックを受けた。お母さんが言うには、「どうして父親の仕事を偽ったのか。お父さんの仕事は畜産業で、新聞に書いてあった大工は、おじいちゃんの仕事でしょ！」と怒って電話を切られてしまった。それは父親の仕事を認めていないことがばれて、農業で生きる両親を深く傷つけることになった。山名さんは以前から、今の仕事のやり方に嘘があると感じていた。たまたま任された編集長の仕事が時代にマッチしてトレンドリーダーになったが、食の専門家でもないし、「バブルの泡の中で跳ね回っているだけではないか」と自分を疑う心の声を耳にしていたのだ。母親の言葉がきっかけでそうした心の声が次第に大きくなり、仕事に身が入らなくなってしまった。自分は何者で、何のために働いているのかを深く考えるようになった。この経験が山名さんをソーシャルコンテンツ・プロデューサーへと導くきっかけとなった。

〔左ページ・上〕嬬恋村の観光名所になった「愛妻の丘」〔左ページ・中・下〕さまざまな人がそれぞれの思いで妻に愛を叫んでいる

人を笑顔にする情報発信

山名さんは今の自分が嫌になり、トレンドリーダーを捨てることを決心した。業界との連絡を絶ち、求人雑誌で自分の職能を生かしながら誠実に働く、できるだけ地味な職場を探した。国土交通省の広報を専門に行っている会社に就職した。当然のように収入は激減し、仕事の内容も行政関係なので、面白くもないマニュアル的なものだった。仕事の現場は膨大な予算を使いながら造っている、巨大な地下のトンネルだった。広報の仕事の大部分は、国民の税金が正しく使われていることを伝えたり、何か問題が発生した際のマスコミへの対応係だった。常にネガティブなことを想定しながら仕事を考えていなければならなかった。幾度となく工事現場に通う中で、現場で働く人々の仕事に対する情熱と職能の素晴らしさを知った。彼らは誰も知らない地下深くの危険な作業現場で、何年にもわたって黙々と仕事を行っている。ただし、トンネルが完成し、社会で日の目を見るときには、次の現場へと移動している。反面、いったん問題が発生すると矢面にたたされる割りの合わない仕事でもある。山名さんはつくばでの経験を思い出して、これまでの広報とは逆の視点からアプローチすることにチャレンジした。

まるでSF映画に出てきそうな、巨大な地下空間を使った見学イベントを思いついたのだ。イベントは大成功で、二日間で五〇〇〇人の人が詰めかけた。テレビをはじめとするさまざまなメディアが、非日常空間の魅力と工事の必要性を報道してくれた。何よりもうれしかったのは、現場の人々が自分の仕事を知ってもらえたし、誇りと自信を持てたと喜んでくれたことだ。山名さんは次々に革新的な見学イベントを考えて実行した。「トゥインクルリバー計画」は、首都圏外郭放水路を使った幻想的なイベント。そこは洪水を防ぐ世界最大級の地下河川だ。夏に完成する予定だったので、地下の川の中に天の川を出現させた。トンネルの中に二五〇〇本のキャンドルを使って天の川をつくったのだ。「東京ジオサイトプロジェクト」は、虎ノ門交差点の地下四〇メートルの共同溝を博物館に見立て、最深部に能楽堂を出現させた。そこで、野村萬斎に狂言を演じてもらった。「東京トンネリックス」は、山手通りの地下にある首都高速のトンネル建設現場をファッションショーの舞台にした。パリコレの鬼才ベルンハルト・ウィルヘルムの服を土木作業現場で働く職人たちに着てもらい、自分たちで造った「トンネルランウェイ」をかっこ良く歩いてもらった。

ソーシャルへの目覚め

国土交通省の広報の仕事を始めた頃に、自分の心の声に素直に従って行動することも始めた。新

〔1・2〕東京ジオサイトプロジェクト〔3・5〕東京トンネリックス〔4〕トゥインクルリバー計画

聞などで見つけたＮＰＯを突然訪問して話を聞かせてもらったりした。そんなことを行う中で、タカラトミーの星川安之さんが行っている勉強会に参加させてもらうことになった。それはさまざまなメーカーのデザイナーたちが、自主的に集まって行っているユニバーサルデザインの勉強会だった。この勉強会が、ユニバーサルデザインを日本の社会に根付かせる原動力となったのは有名な話である。この週一回の勉強会から、山名さんもたくさんの学びと刺激を得た。「自分なりのやり方で、社会を明るく楽しくしていこう」と決心した。国土交通省のまったく新しい広報アイデアもこうした勉強会がきっかけとなって生まれた。今の奥さんと結婚する際に「二人だけで幸せになるのではなく、二人も幸せになって周りの人も幸せにする夫婦になろう」と誓い合った話は、山名さんらしいエピソードだ。

東京スマートドライバー計画

地下のパリコレ「東京トンネリックス」の成功で、首都高の事故を少しでも減らすキャンペーンを考えてほしいと依頼があった。首都高を走った経験のある方ならわかると思うが、東京オリンピックに合わせて大急ぎで造った首都高は、狭いうえに曲がりくねっていてとても走りにくい。山名さんはここでも逆転の発想で挑む。「実は年間の事故発生数も、首都高を走るドライバーの技術や思いやりのおかげでこの数で抑えられているのだ」と山名さんは考えた。そこで違反者を見つけて怒るのではなく、マナーの良いドライバーを見つけて誉める画期的な交通安全キャンペーンの「東京スマートドライバー」が生まれた。この企画は二〇年来の友人であった小山薫堂さんとの再会がきっかけで誕生した。「そのウインカーの出し方、素晴らしい！」とか「今の合流の仕方、サイコーです！」とドライバーを褒めるパトカーを実際に走らせてしまった。大人に対して、ちょっと注意したくらいでは、マナーは良くならない。反対に怒りを植えつけてしまいかねない。しかし、いくつになっても人は褒められるとうれしくなり、もっと良いドライバーになろうと心がけると考えた。実に人間の心理を見抜いたキャンペーンだ。この「ホメパト」のアイデアは、バブル時代に出会っ

〔山名清隆からのメッセージ〕

プロジェクトを企画する際に大切にすることは、瞬発力があるかどうか。その際にお金がない、時間的に無理とかネガティブなことは一切考えないこと！プロジェクトが実現した際にその場にいる参加者の気持ちを想像してみる。その人々がニコニコしていたり、コーフンしていれば必ずそのプランは実行できる。それを考えてたくさん妄想を楽しむこと。それから自分の中でプランが固まったら、フェイスブックなどを使って外に出してみる。楽しい妄想をたくさんの人と共有化するとアイデアが広がったり、実行するためのイメージが現れたりする。プロジェクトリーダーの条件として、①その計画を制限の外側で楽しんでいるか。②予想を超えた素敵な出会いを生み出せているか。③偶然が偶然を呼ぶ胸が高鳴るリズムがあるか。④悠々と巻き込んで堂々とそこに立っているか。⑤これで誰かを幸せにすると確信しているか。などが大切である。

た数少ない本物のクリエーター・小山薫堂さんと一緒に生み出したものだ。「ホメパト」以外にもさまざまなアイデアを実行した。このキャンペーンにはたくさんの人が関わっていたが、その中で面白い現象が起きた。いつも、どうすればドライバーに楽しく安全に運転をしてもらえるかをみんなで考えていたので、知らない間に誰もが褒めあう癖がついてしまったのだ。会議でも現場でも褒めあう空気が生まれて、チームの中はいつも賞賛と笑顔があふれていた。

　山名さんの生き方を見ていると、なぜ我々はソーシャルな視点を大切にしなければならないのかが見えてくる。ブータンの国民総幸福量宣言に代表されるように、消費を続けることの中に幸福があると信じていたのは間違いで、幸せの青い鳥は夫婦や家族、コミュニティの中にあったことを、山名さんは自分自身の人生を通して理解したのだ。

〔上〕グッドストリームサミット〔中〕銀座スマドラパレード〔下〕プラモデルになったホメパト

15 毎日がアースデイ 池田正昭

「いのち」の循環をシステムとして機能させ、
たくさんの笑顔を生み出す。

筆者は長年劇団関係の仕事をしているのだが、池田正昭さんと話をしていると社会起業家というより、むしろ個性的な俳優にインタビューしているように思えてくる。話を聞いていても、次々と面白い話題がユーモアを交えて飛び出してきて、何時間聞いていても飽きないほど話題が豊富だ。池田さんはさまざまなプロジェクトを成功させてきたが、現在は毎日アースデイの代表として「いのち」の循環や倫理観に関しても実に思慮深い考えを持って活動を行っている。

いのちの問題

大学時代に友人の家に遊びに行った際、ベッドの下からいかがわしい本と一緒に「THE COPYWRITER」という雑誌が出てきた。それでコピーライターという職業を知った。その雑誌を読んでみると、自分のような〝小説家崩れ〟には向いている職業であると感じて、某大手広告代理店に入社した。実際に仕事をしてみると、消費を促進させる仕事に「ちょっと違うなぁ」と違和感を感じた。思い起こすと子どもの頃、親にデパートに連れて行ってもらっても、特にほしいものがなく「何かほしい物があるだろう！」と叱られたことがあった。池田さんは、小さい頃からほとんど物欲がなかったのだ。それよりも知識欲が旺盛で、物事を表面的に判断することが嫌で、常に本質的な真理に迫りたいと考える人だった。

池田さんの今の興味の対象は「いのち」だ。現在の不妊治療では、体外受精を行う際に複数の受精卵を作成するが、多くは母体に戻されることなく『余剰物』となる。受精卵はすでに『いのち』なので、その一つ一つが『人』として扱われなければならない。不妊治療をしてまで子どもがほしい個人を

池田正昭　Masaaki Ikeda
一九六一年神戸生まれ。人格形成を決定づけた場所は小学時代を過ごしたサンパウロ。妻が自然出産した体験を機に「いのち」の問題に目覚める。二〇一〇年にマザー・テレサの写真展を企画した際のテーマ「Life in Peace ～LIP」が自身のその後の取り組みコンセプトとなる。編著に秋葉悦子著『人の始まりをめぐる真理の考察』『打ち水大作戦のデザイン』（ともに毎日新聞社刊）。坂本龍一と立ち上げた森林保全団体「more trees」副代表、性暴力のない社会をめざすNPO「しあわせなみだ」理事、自称「お産を語るオッサンの会」会長。二〇一二年一〇月LIPのコンセプトが実感できる店「タイヒバン」を吉祥寺にオープン。

否定するわけではなく、『いのち』の尊厳について社会がもっと深く考えるべきだ」と語る。ソーシャル活動の究極のゴールを考えると、地球の「いのち」に行き着く。「いのち」の尊さや地球上での「いのち」の循環のことが、私たちにとって最も大切なテーマであることは疑いようがない。

雑誌から社会変革

広告代理店でコピーライターになってはみたものの、今一つピンとこない。池田さんにはもともと物欲がないのだから、消費を促進させる広告には情熱を持てなかった。コピーライター時代の唯一納得のいく仕事が、一九九三年に書いた「木を植えています。わたしたちはイオングループです」だった。コピーとしては社内ではまったく評価されなかったが、この言葉は今でも使われていて、イオングループは環境保護のために木を植え続けている。この言葉を選んだことにより、イオングループは自らの社会貢献活動を方向づけてしまった。この仕事で、社会に言葉を発信する責任感や言葉の力を強く意識するようになった。しかし、通常の広告には情熱が持てず悶々とする日々が続いたが、やがて転機が訪れる。

池田さんは、一九九六年にクリエイティブから同社が発行する雑誌「広告」編集部に移動した。その頃ちょうど、病気を患い入院生活も経験した。三十五歳を迎えようとして新たに編集の仕事を始めるにあたり、仕事をする意味を考え直そうと思っていたときに「世のため人のためになる生き方をしなさい」といったメッセージがどこからか池田さんに降りてきた。結果的に雑誌「広告」との出会いは、池田さんの秘めた才能を開花させることになった。しばらくすると、一人で編集を仕切るようになり、雑誌を大幅にリニューアルした途端に伝説を生み出してしまった。特集「若者の（そのわけのわからなさの）すべて」号は青山ブックセンターの月刊誌の販売記録を塗り替えてしまった。「お店がわたし」「東浩紀のすごいデカい話」など次々にヒットを連発した。広告のコピーライターとしてはパッとしなかったが、雑誌「広告」の編集や特集タイトルのコピーは天才的だと筆者は感じた。哲学者の東浩紀を世に送り出したのも池田さんだし、今や世界的アーティストの村上隆や大竹伸朗を好きに使いまくっていて実にカッコイイ！一九九九年を締めくくる最後の東浩紀特集号は、「二十一世紀に残したい本ベスト五〇〇」に雑誌として唯一選ばれたりもした。

池田さんは「雑誌から社会変革を立ち上げる」ことを目指し始めた。二〇〇〇年には、「future social design」をテーマに英語と日本語の両方で編集し、版型も正方形にして再び大胆なリニューアルを行った。池田さんは編集を通して、「伝えたい」ではなく、「時代に対して自分の解釈をしたい」と考えるようになった。雑誌「広告」は、未来を予見するソーシャルマガジンへと変身した。

アースデイマネーの誕生

その年に、イギリスにおいてもっとも革新的、かつ影響力のあるグラフィックデザイナーのジョナサン・バーンブルックに会った。彼は歴史の中で自分の生き方を貫き、普遍的な価値観を持っていて、池田さんは「ハードボイルドな奴だなぁ」と感心しながら影響を受けた。新しい「広告」のデザイナーとしても参加してもらった。編集のテーマは、地域通貨が中心になっていった。地域通貨とは、資本主義の中で使用される通貨とはまったく違う価値を生み出すための通貨である。これまでの物質中心の価値観から、精神的豊かさを重視する価値観へのシフトを目指している。「LETS」という地域通貨は、一九八三年にカナダのアクティビストであるマイケル・リントンが考案し、世界のさまざまな地域で実施されていた。池田さんは地域通貨を日本でも根付かせ、そこから社会変革を行うつもりだった。東京のどこかで地域通貨を実施するために、その年の暮れにマイケル・リントンを日本に呼んだ。坂本龍一さんも強力な応援団として味方になってくれた。坂本さんは地域通貨が創り出そうとしている社会に強く共感していて、自分でもクリエイティブユニット「code」をつくり、地球環境に負荷をかけず、想像力豊かに生きようと訴える活動を行っていた。彼らが日本での地域通貨の立ち上げに非常に大きな力になった。坂本さんは、二〇〇一年四月二十二日のアースデイに合わせて行ったイベントにも協力してくれた。そのイベントの打ち上げの席でのことだ。昼間のイベントでちょっとした行き違いがあって、「教授」から延々と説教を受ける羽

①

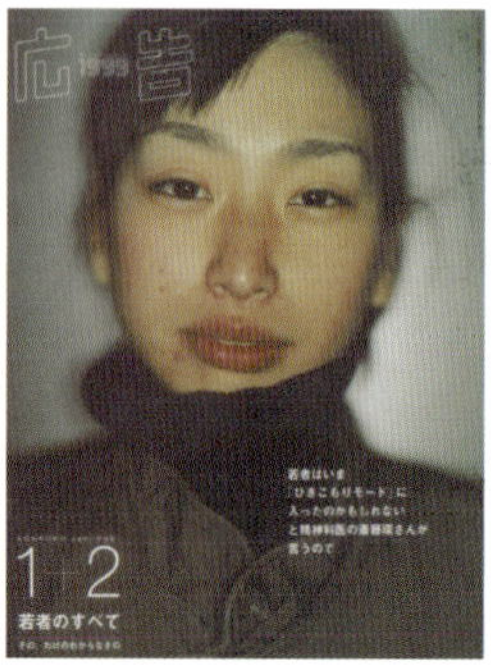

②

③

目に。夜も白み始めていたときに、説教モードの坂本さんが突然目を輝かせ「今日はアースデイだったけどね、僕たちは三百六十五日、毎日をアースデイにしなくっちゃ駄目なんだよ」と池田さんの耳元で囁いた。その囁きが啓示だった。それまでは抽象概念でしかなかった地域通貨に、池田さんが「アースデイマネー」という名前をつけて命を吹き込むきっかけになった。日本で地域通貨を根付かせるためには、実行力のある協力者も必要だった。本書の中に登場する「プロボノ」の嵯峨生馬さんに白羽の矢が放たれた。「アースデイマネー」は、嵯峨さんのページで紹介しているようにさまざまな苦労はあったが、池田さんと嵯峨さんの二人三脚によって素晴らしい活動へと成長していく。雑誌「広告」は過激になりすぎて、広告代理店が発行する枠をはみ出してしまった。革新的なリニューアルをした一年後に、池田さんは編集長の席を離れ、しばらくして退社した。

池田さんは「広告」の編集を通してたくさんの人と知り合うことができた。ソーシャルプロジェクトを成功させるためには、どんな人とつながっていくかがとても重要になる。坂本龍一、マイケル・リントンをはじめ世界的な影響力のある人ともつながることができたし、「アースデイマネー」を日本で根付かせるために、嵯峨生馬さんとも出会えた。「広告」を通してつながった人は、現在も池田さんの大切な財産になっている。雑誌「広告」から社会変革を行うことは志半ばで終ってしまったが、メディアの持っている発信力や影響力の大きさを肌で感じることができた。メディアは、発信する人が小さく発信すれば小さくしか響かないけれど、大きく発信すると大きく響くことを池田さんは学んだ。社会変革を行うためには、従来のメディアもソーシャルメディアもそれぞれの特性を理解して有効に使って行かなければ、成功はあり得ないと池田さんは語ってくれた。

打ち水大作戦

地域通貨に続いて、池田さんは新しいチャレンジを行った。地球温暖化が危惧され、東京のヒートアイランド現象が問題になっていた。二〇〇三年にNPO渋谷川ルネッサンス代表でもある元建設省OBの尾田栄章さんから相談があり、またもや池田さんの耳元で「大々的に打ち水をするとヒートア

〔右ページ〕①雑誌「広告」一九九九年一＋二月号「若者がすべて」特集号 ②同一九九九年十一＋十二月号「東浩紀のすごいデカい話」特集号 ③同「future social design」シリーズ第一号
〔左ページ〕二〇〇一年のアースデイに登場した坂本龍一とマイケル・リントン

イランド現象を緩和できるという研究報告があり、それを社会実験としてやってくれないか」と囁かれた。日本に昔からある庶民の知恵は、辞書で調べると「打水」になっている。池田さんはここでも天才的才能を発揮して、打水だと現代人は読めないので、間に「ち」をいれ「打ち水」とした。さらに映画「ミッション・イン・ポッシブル」は元々人気テレビ番組で、日本での番組名は「スパイ大作戦」だったことから、それを文字って「打ち水大作戦」とプロジェクト名を命名した。大勢の人がそれぞれに打ち水を楽しみ、それが同時多発的に行われるシンクロ感が面白いと池田さんは思った。決行日は、八月二十五日にした。都内で一斉に打ち水を行う風景をつくるために、あらゆる方法を使って準備をしたが、この年は記録的な冷夏が続いていた。「このままでは打ち水の必要もない」と頭を抱えていたら、なぜかこの日だけ気温三十五度の猛暑日になった。都内のいたるところで打ち水のイベントが行われ、夜のニュースや天気予報でこの模様が報道された。極めつけは石原良純お天気キャスター。その日に限って関東圏で東京都内だけが、周りと比べて気温が一度低くなっていて「これは打ち水大作戦の効果ですかね」とコメントしてくれた。「打ち水大作戦」は、あっという間に毎年行われる夏の風物詩になった。またもや天から「世のため人のためになることをしなさい」との啓示をうけた男は、伝説をつくってしまった。プロジェクトを立ち上げる際にプロジェクトのネーミングはとても重要である。この名前の付け方によって、プロジェクトのスケールが大きく違ってくる。社会変革を成功させるためには、コミュニケーションが大切である。つまり「言葉の力」が必要なのだ。そうした意味では、池田さんは「言葉の力」の重要性を深く理解し、巧みに使っている人である。

毎日がアースデイ

「アースデイマネー」誕生の際に坂本龍一さんに耳元で囁かれた「毎日がアースデイ」が、池田さんの社名「毎日アースデイ」になった。毎日新聞社とアースデイマネー・アソシエーションが結成した共同事業体で、公共施設の管理業務やソーシャルデザインの企画、制作、発信を行っている。毎日アースデイは、「人格主義社会の実現」をミッションとするソーシャルデザインカンパニーだ。個人が幸

〔池田正昭からのメッセージ〕
社会貢献ならすべて良しとは限らない。取り組もうとしている社会問題を自分なりに、掘り下げて考察してみてほしい。自分の行うプロジェクトがどのような世界をつくり出そうとしているのかをさまざまな角度から想像してみることが大切である。たとえば、『いのち』にとって良いことなのか」とか、「五〇年後の社会に対して必要性があるのか」といった、大きな視点から見つめ直してみると違う価値観が見えてくることもある。日本人には本質的な議論や考察をせず「だって、良いことでしょう」と安易に決めてアクションしてしまう国民性がある。ちょっと立ち止まって、そこにある倫理観や社会的な正義についてしっかり考えてから行動しなければ、社会貢献は薄っぺらなブームで終わってしまうことになる。

〔左ページ〕東京各地の名所で実施される打ち水大作戦。上から浅草寺、六本木ヒルズ、東京タワー。（写真：廣瀬真也）

福を追求する権利は、弱い他者を犠牲にすることも必然と考えてしまう個人主義。それに対して、人間の尊厳に重きを置き、すべての「いのち」を優先する存在論的立場が「人格主義」である。人と人との人格的なつながりが社会の発展をもたらすと考える行動原理でもあり、つながりを回復し、ほころびを繕い、穿たれた溝に橋を渡し、人格をもった関係性としての人間を取り戻すことは、今日、事業として取り組むべき最重要の課題であると謳っている。その具体的なプロジェクトとして、「ＬＩＰ(Life in Peace)」、「ワリバシカンパニー」、「にほんごっ子」、「タイヒバン」などに取り組んでいる。

その中の「ＬＩＰ」プロジェクトは、「Life in peace～いのち、平和のうちに」というコンセプトの実践を試みている。詳しくは「ＬＩＰ」のウェブサイトで、仕組みが直感的によくわかるＣＭを見ていただくのが一番早い。ここでも池田さんは「言葉の力」を有効に使っていて、ＣＭソングを聴くと複雑なプロジェクトの仕組みが小学生でもわかるようになっている。「ＬＩＰ」は「いのちのゆたかなつらなり」をとおして根本的な「食」の安全に向かう環境循環再生事業を行っている。日本の森を育てるには、間伐が欠かせない。間伐した木を使って、日本人にもっとも身近な木製品の「ワリバシ＝和ＲＥ箸」を作ると無駄がなく、ワリバシを作るときに出てくるオガコを特別な乳酸菌を食べている牛のウンチ（不思議と臭わない）と混ぜるとバイオパワーのあふれる堆肥ができる。この堆肥を使うと、本物の「うまさ！」を感じる作物が作れる。さまざまな「いのち」の豊かなつらなりが、本物の美味しい！をつくる。このオガコを起点にした新しい環境循環サイクルシステムが飛騨地方を中心に立ち上がっている。二〇一二年秋には、そうした野菜を直接販売する八百屋「タイヒバン」も吉祥寺に開店した。

「ワリバシカンパニー」は、太さや大きさが不揃いで建材になりにくい間伐材をワリバシにして有効利用を図る会社だ。ワリバシの製造過程で生じる端材や、使用後のワリバシを回収し、それをオガコにすれば間伐材の利用価値は二倍になる。ただ箸を作って売るだけではない。ワリバシが生むオガコを活用して、この上ない堆肥＝土を作ることで、日本の土や森を再生していく。「ソーシャル活動を行う際には、表面的な問題解決ではなく、自分自身が本質的に目指すべき社会や世界を想像し、物事の真理や深淵に触れる思想を持って活動していかなければ未来につないでいけなくなる」と池田さんは語ってくれた。

〔１・２〕間伐材を使って割箸を作る〔３〕割箸にならない端材はオガコにする〔４〕特別な乳酸菌を食べて育つ牛〔５〕牛のウンチにオガコを混ぜて発酵させた堆肥〔６〕乳酸菌の効果で匂わない牛のウンチ〔７〕この堆肥からできる本来の美味しさを実現した野菜

4	1
5	2
6	3
7	

BIO BALANCE

16 世界を変えるデザイン展　本村拓人

BOPビジネスによって、雇用を生み出し貧困層に人間としての尊厳を与える。

「東京ミッドタウン・デザインハブ」と「アクシスギャラリー」は、東京を代表するデザインギャラリーである。二〇一〇年にこの二つのギャラリーを使って開催された「世界を変えるデザイン展」は、こうした展覧会としては異例の、二万人もの来場者を集めた。なぜ、これほど多くの人々が関心を持ったのか?ギャラリーには連日、学生や若いデザイナーが詰めかけた。展覧会は発展途上国に住む人々が直面するさまざまな問題を解決してきた「デザイン」が紹介されている。これまでのデザインは、世界総人口の一〇%に過ぎない先進国に住む豊かな人々だけに向けて提供されてきた。そうした資本主義の欲望の津波が、地球環境をも危機的状況にしたと言われている。途上国の貧困層と言われる残り九〇%の人々のニーズに目を向け、彼らの生活水準を向上させ、自尊心に満ちた生活を提供する使命が我々にはあると著者は考える。この展覧会は、そのことに気づいた世界中の社会起業家やデザイナーが提供した、デザインやプロジェクトが展示されていた。強い使命感を持って、この展覧会の企画・実行委員長を務めたのが、株式会社Gramma（グランマ）の本村拓人さんだ。

世界を変える出会い

本村さんは、十六歳の頃から事業家を目指していた。高校卒業後、営業の経験を経て、人材派遣会社の雇われ社長として事業を興す経験を得るも、一年半後に、資金繰りがうまくいかなくなり、逃げるようにアメリカへと旅立った。ある程度成功したかのように感じていた事業が失敗したことで、ひたすらお金を稼いでいくという目的で人のモチベーションを高く保つことの難しさを身をもって知った。事業とは、何かを成し遂げるための手段でしかない。そうしたことがきっかけとなり、

本村拓人　Takuto Motomura
一九八四年四月二十八日生まれ。二〇〇九年、株式会社グランマを創業。二〇一〇年に世界を変えるデザイン展を開催。その後、南アジアの塩害地域における水の浄化装置や、無電化地域へのソーラーランタンの設計・普及活動を日系企業と実施。二〇一一年からは低技術でも普及可能なグラスルーツイノベーションに焦点をあてその普及活動に尽力している。現在、低価格で環境負荷の低い生理用ナプキンの発明家と共に製品、製造プロセス改善、マーケティング、及び地域に根ざした継続的な啓蒙活動を開始している。

自分の生きる目的と大切にすべきことを深く考えるようになった。アメリカ留学中の夏休みを利用し、インドに渡り、そこで、経済的弱者といわれる人々と出会った。途上国の命を奪う貧困の現実を肌で感じて、子どものように素直で素朴な疑問を抱いた。なぜ、同じ地球に住んでいるのにこのような極端な格差があるのだろう。本村さんは強い衝動に駆られ、社会的な問題と真剣に向き合い、解決しようとしている人に会ってみたいと思った。さまざまな情報からバングラデシュをはじめとする南アジアの社会起業家を見つけ出しては、片っ端から会いに行った。さすがにノーベル平和賞を受賞した、社会起業家のカリスマと言われるムハマド・ユヌスには会えなかったが、素晴らしい人々との出会いが本村さんに事業家としての新たなイメージを植え付けることになった。その中で特に印象に残ったのは、「ウェイストコンサーン」のいわゆるソーシャル・アントレプレナー（社会起業家）として注目されていた創業者のマクスード・シンハたちだった。彼らは自分の街がゴミに埋もれていく姿を二〇年間見てきた。首都ダッカの人口は、農村から流入してきた人々で二〇〇万人から一一〇〇万人へと膨れあがっていた。一日に三五〇〇トンも排出されるゴミは、廃棄所に運ばれればまだ良い方で、最悪の場合は河川や路上に捨てられていた。彼らはこの生ゴミから天然肥料を作ってはどうかと考えた。行政に働きかけて、生ゴミを堆肥にリサイクルするためのゴミ処理工場を造ることを提案した。しかし、まったく相手にされなかった。シンハは、それを自分たちでやると決めて「ウェイストコンサーン」を設立した。地域ごとに一戸一戸回ってゴミを回収し、リサイクル可能なものはリサイクルし、残り八割の生ゴミを分別する。これを大きな容器に入れ、発酵させて堆肥を作った。この堆肥を大手肥料会社に買ってもらうという非常にシンプルなシステムだ。自然の力を使った有機肥料は、栄養たっぷりで環境にもやさしい。おまけに化学肥料より原価が安いのだ。現在、バングラデシュ国内に五〇カ所以上のゴミ処理場が建てられ、一日に何百万トンのゴミが肥料に生まれ変わっている。実際にマクスード・シンハ氏に会ってみて、その行動力とアイデアに本村さんは感動した。街からゴミをなくすだけではなく、肥料にすることで利益を得て、おまけに祖国も美しくなる。素晴らしいソーシャル・ビジネスだった。

素晴らしい仲間の存在

素晴らしい社会起業家との出会いによって、自分のすべきことが明確になった本村さんは、いったん日本に帰り、足元を固めようと考えた。働く場所を探す中で、ソーシャル・ビジネスに理解のある制作会社に入社した。そこで、後に創業するグランマを共に興し、今でも共に会社を動かしている素晴らしい仲間に出会った。本村さんは、性格的に思いついたらすぐに行動するタイプだ。普通の人だと躊躇することも、「行ってみないとわからない」「当たって砕けろ」の人である。その行動力が、いくつもの壁を突破してきたが、たまに空回りすることもある。そんなときに、「グレートコミュニケーター」の肩書きを持つ熊坂惟さんが必要になる。いつもやさしい笑顔を浮かべているので、相手の警戒心をなくしてしまう。「世界を変えるデザイン展」の会場を押さえたのも熊坂さんだし、「日本デザイン振興会」の酒井氏の信頼を得て、「アクシスギャラリー」の紹介までさせてしまった。「カタリスト」の肩書きを持つ山本尚毅さんは、放って置いたらつながらないモノや事業をつなぎ合わせる触媒の役目として、さまざまな化学変化を起こすことに長けた能力を持っている。偶然にも設立当時からのメンバーの共通項は、世界を放浪したバックパッカーだったことだ。そうした絆により、これまで給料の支払いが遅延するというような危機的状況も、信頼の力で乗り越えてきている。本村さんも、「航海において、船長一人では船をコントロールできない。信頼できる仲間がいることで、アドベンチャーを続けることができる」と二人に絶対的な信頼を寄せている。

二〇〇八年に起こったリーマンショック、所属先の会社も経営状態が悪化した。もともとアジアの貧困を解決するために、起業することを目指していた本村さんは、今がそのときだと思い、山本さん、熊坂さんと二〇〇九年四月にグランマを設立した。グランマは〝最大多数の最大幸福〟の実現という使命を掲げている。これまでの資本主義の価値観を根本的に問い直すこの変換期に、「貧困はイマジネーションが枯渇している状態」と捉え、それを世の中から一掃することを目指している。その中心にBOPビジネスがあり、途上国の経済的弱者たちの生活向上を促す製品を企業と協力しながら開発。また、所得向上を促す製品をこれまで築いてきたさまざまなネットワークから見

〔1・2・3・4〕世界を変えるデザイン展東京ミッドタウン・デザインハブ〔5・6〕世界を変えるデザイン展アクシスギャラリー〔7・8〕グランマプロジェクト合宿風景

1	5
2	6
3	7
4	8

世界を変える
デザイン展
imagine
another life
through
the products

世界を変える
デザイン展
imagine
another life
through
the products

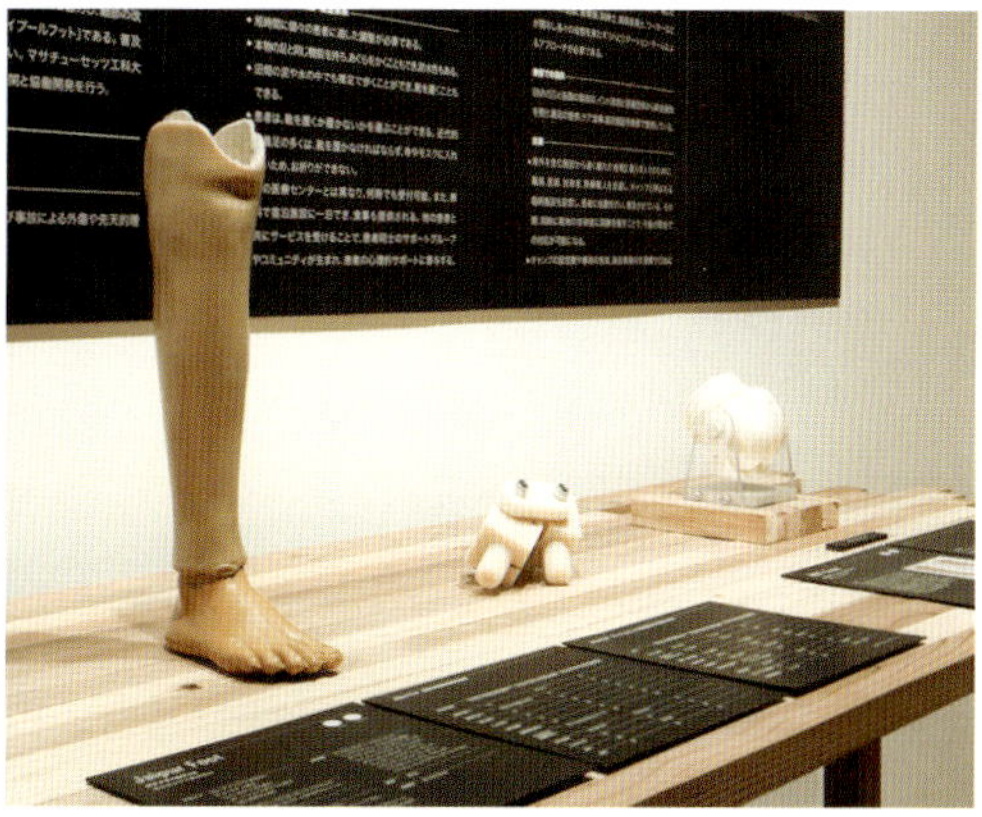

つけ出し、主に農村地域に導入している。BOPビジネスとは、経済的・社会的に恵まれない生活を送る人々が、自らの力でその状況から脱出するために、援助機関や企業などさまざまなアクターをビジネスパートナーとし、経済的と社会的インパクトの両立を目指すビジネスである。

ジャイプールフット

本村さんは、BOPビジネスを理解するために南アジアへ飛び、現地のニーズを探っていた。そうしたとき、インドで「ジャイプールフット」に出会った。途上国では地雷や交通事故などにより足を失っている人が約二万人程存在している。そうした人々が社会復帰するためには義足が必要だが、価格が高すぎて手に入れることができない。職人であるラム・チャンドラ・シャルマと整形外科医P・K・セッティ博士は普通の義足に改良を加えて、大幅にコストを下げた。「ジャイプールフット」は低価格で長持ちし、靴を履いても履かなくても使える耐水性義足である。デザインされた町の名前をとって「ジャイプールフット」と呼ばれ、小規模な地域の伝統的な生産技術を活用している。これまで交通事故や地雷の被害を被っている国々で、約一〇〇万人以上の足切断者に義足を提供している。本村さんが感動したのは、低価格で長持ちすることだけではなく、短時間で足にフィットさせるシステムや、他の患者と共にサービスを受けることで患者同士のコミュニティが生まれるといった心理的サポートにもしっかりと配慮された全体の設計の秀逸さだ。モノを提供するだけでなく、失った足と失いかけていた自尊心を取り戻させ、自立できるようにデザインされていたのである。本質的なBOPビジネスの理解を促すためにも、経済的弱者の目線にたって開発・提供されている「ジャイプールフット」や「ライフストロー」、「ドリップ灌漑システム」などを日本で紹介する必要があると思った。日本の社会にインパクトを与えるためには、大規模な展覧会でなければならない。しかし、自分たちにはそうした経験もノウハウもない。そこで、これまで知り合った人たちを強引にプロジェクトに巻き込んだ。

〔本村拓人からのメッセージ〕
行動なしに変革はない！自分が決めた社会問題を、まずしっかりとリサーチすること。それを元に仮説を立て、実証していことが大切。その中で、レバレッジポイント（変革ポイント）を見定めることも大切である。できる限りたくさんの人と出会い、コミュニケーションをとっていると、レバレッジポイントが見えてくる。そうすると、次に自分がとるべき行動が決まる。僕も世界中の活動家との直接的な対話を通して、その度に気づきを得てきた。貧困とは想像力が枯渇している状態である。それを解決に導くのは、やはり想像力だと信じている。行動力が新しい想像力を生み出し、それが、世界を変える力になっていくと僕は信じている。

〔左ページ〕BOPビジネスのために東南アジアで現地のニーズを探っている本村氏

世界を変えるデザイン展

コピーライターの安田建一さんや建築家の芦沢啓治さん、グラフィックデザイナーの中野豪雄さんなどの力強い味方を得て、本格的に展覧会の準備に入った。会場はグレートコミュニケーターである熊坂さんの力で、「東京ミッドタウン・デザインハブ」と「アクシスギャラリー」の協力が得られた。展覧会では、途上国の問題を抱えている人々を単純に紹介するのではなく、これまでのデザインの概念を塗り替え、世界を変えるための新しいビジネスがあることを知ってほしいと考えた。そのコンセプトを理解してもらうために、問題を抱えている人々の写真を極力使わないことにした。可哀想などといった感情が優先すると、問題解決のための提案が伝わりにくくなるからだ。また、カテゴリーごとにピクトグラムを使用し、わかりやすく分類した。紹介するプロダクトやプロジェクトが、具体的にどのように社会的変化を生み出したのか、客観的なデータで示すことも行った。本村さん自身は準備期間中も南アジアを中心にアジアを飛び回っていたので、「展覧会を大成功させることができたのは、手弁当で協力してくれた仲間やボランティアスタッフのおかげ」と嬉しそうに語った。展覧会は徐々に話題となり、二万人もの来場者を集めた。

グランマの本格的な船出

志を共有する仲間のおかげで、展覧会は大成功を収めた。さまざまな所から巡回展の声がかかり、「無印良品」の有楽町店でも展覧会を開くことができた。巡回展を入れると「世界を変えるデザイン展」は五万人もの来場者を集めた。しかし、本村さんの心境はちょっと複雑だった。BOPビジネスの日本でのきっかけづくりのために展覧会を企画したが、グランマに展覧会プロデュース会社のイメージが出来てしまったからだ。本村さんは、今一度BOPビジネスをアジアで行う可能性を探る旅に出た。バングラデシュの力車、インドはコルカタのサリーバッグや排ガスから身を守るためのマスク、インディアンマスクなどを自力で開発するチャレンジもしてみたが、資金力が乏しかったために断念せざるを得なかった。それでも、刻々と変化をする途上国のニーズをリサーチするこ

とは継続させた。

しばらくすると、展覧会によって生まれたつながりから、少しずつ仕事の声がかかるようになってきた。東京メトロの五十三駅構内にて配布されるフリーマガジン「メトロミニッツ」でもＢＯＰビジネスの必要性を大々的に特集してもらえた。二〇一一年の暮れに開催された、「サステナブルデザイン国際会議」でも登壇する機会を得た。さらに、現地の社会状況を調査しながら、企業と共同で開発中のプロジェクトも進行中である。世界的に有名な、「DESIGN FOR THE OTHER 90%」（残り九〇%のためのデザイン）の実践者であるポール・ポラックの「国際開発エンタープライズ」（ＩＤＥ）バングラデシュ・ブランチとも業務提携もこの提携を皮切りにアジアのさまざまな団体、企業との提携が実現する。

二〇一一年には、途上国開発にとってこれまで理想としてきたモデルに出会うことができた。経済的貧困者が自らのアイデアと実践の場で培ってきた技能・知識を生かしてデザインされた、充電式三輪車や粘土性冷蔵庫、バイオマス発電機といったローコストで良質な商品が、途上国で流通し始めていた。世界では、これら末端層(草の根レベル)から起こる革新を「グラスルーツ・イノベーション」と呼んでいる。草の根から生まれた製品は、他の途上国の問題をも解決できる可能性を持っている。そして、「日本人は『グラスルーツ・イノベーション』の価値をさらに高められる能力を持っている」と本村さんは考える。これからグランマは、この草の根から起こる革新的な製品を切り札にさまざまな挑戦をしていくつもりだ。「グラスルーツ・イノベーション」はグランマの使命でもある最大多数の最大幸福を創造させ、世界から貧困（想像力の枯渇）をなくす多くの可能性を秘めているからである。「世界を変えるデザイン展」を経て、本村さんが舵を取る「グランマ号」は、素晴らしい仲間と共に、いよいよ大航海の旅へと本格的に船出した。

1	5
2	6
3	7
4	8

〔1・2〕ＢＯＰビジネス・充電式三輪車〔3・4〕ＢＯＰビジネス・ジャイプールフット〔5・6・7〕ＢＯＰビジネス粘土製冷蔵庫〔8〕ＢＯＰビジネスバイオマス発電機

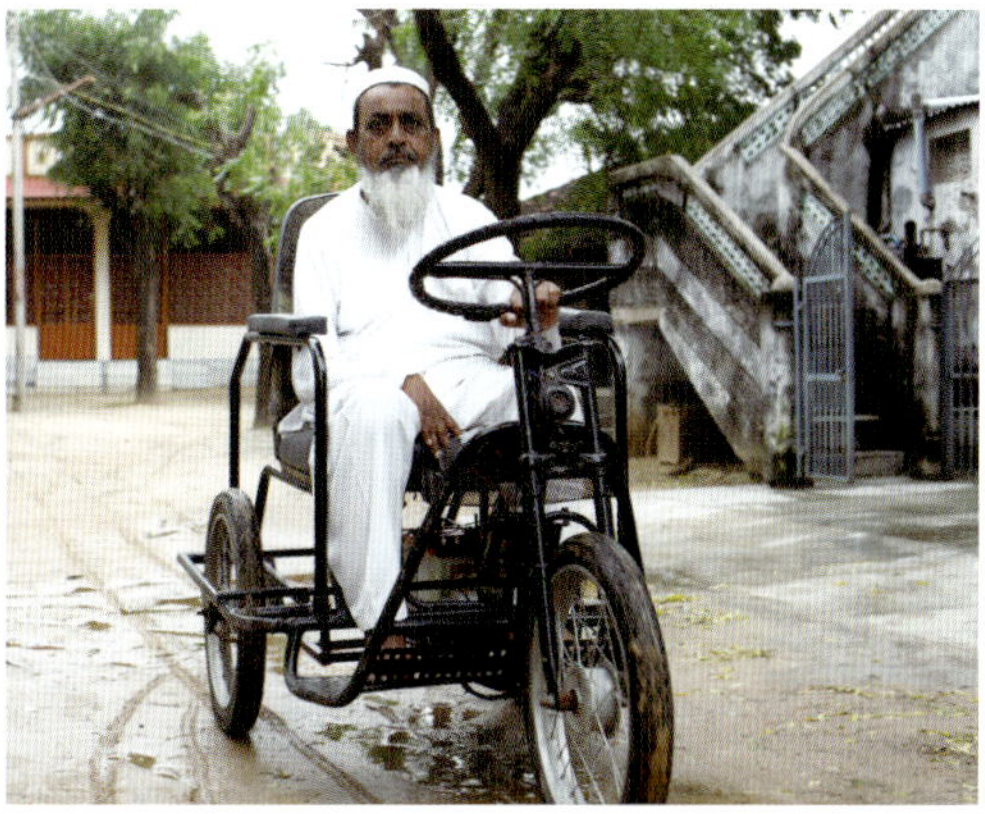

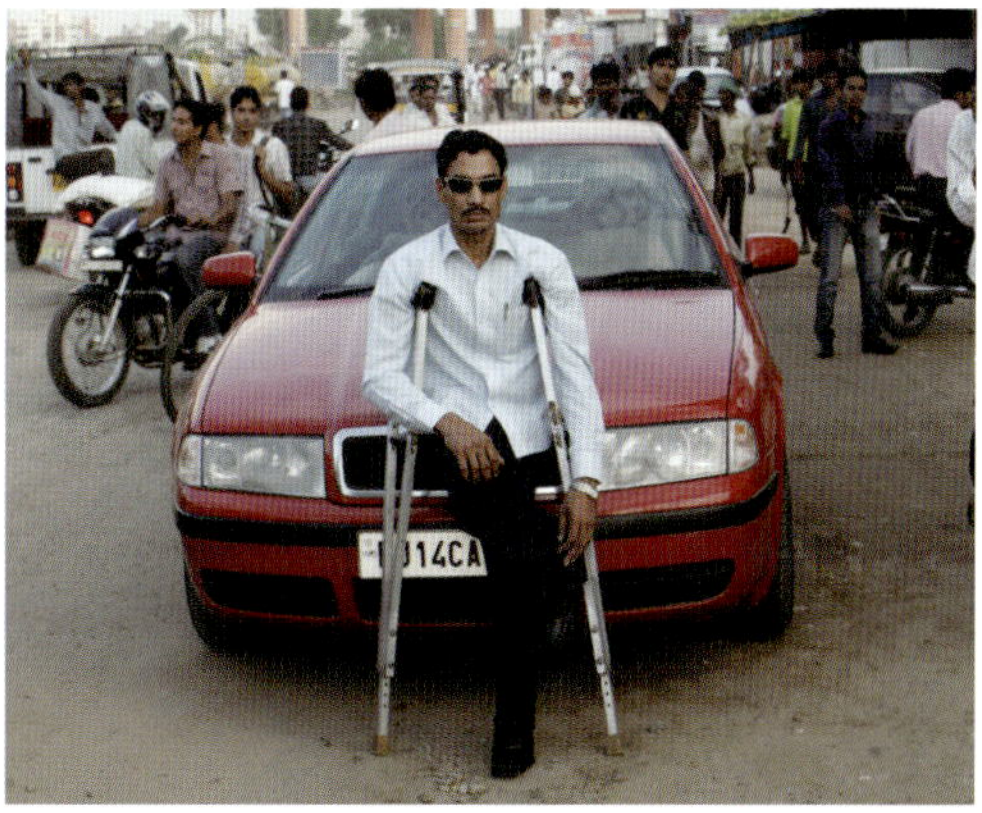

17 浜のミサンガ「環」　南部哲宏

手仕事で被災地に雇用の創出と生き甲斐を生み出す。

三陸沿岸部の人々にとって、昔から生活の中心は漁業であった。その漁業はずっと浜の女性たちが支え続けてきた。「こうした〝浜のおばちゃん〟たちが元気にならなければ、東日本大震災の津波により壊滅的な被害を受けた沿岸部の復興は始まらない」と「浜のミサンガ『環』プロジェクト」メンバーの南部哲宏さんは語る。〝浜のおばちゃん〟たちが手仕事で作るミサンガは、発売後一年経った現時点で約十五万セットを販売。売り上げにして一億円以上あり、現在も予約待ちの状態である。アーティスト・B'zの稲葉さんが身に着けて話題になり、ちょっとした社会現象にもなった。「浜のミサンガ」は、約三〇〇人の岩手・宮城の女性に仕事を生み出すキャッシュ・フォー・ワークの手法で被災者の自立支援を行っている。

現在では作り手の年齢も幅広くなり、職場が流されて仕事がなくなった十九歳の若い女性から七十五歳のおばあちゃんまで、ミサンガ作りに参加している。このプロジェクトの何よりも素晴らしいことは、ミサンガ作りを通じて避難所や家に〝浜のおばちゃん〟たちの楽しそうな会話が響いていることだ。震災後、生きる目的を見失って何の変化もない避難生活を送っていた女性たちが、「やりがいや目標が出来たことで、次の日が来るのが楽しみになった」と語っている。「浜のミサンガ」のシステムを企画したプロジェクトメンバーは、被災県にグループ会社を有する広告会社の博報堂グループが中心になっている。しかし、「三陸とれたて市場」代表の八木さん、メンバーの内田さんや地元の企業の有志、さらに地元のメディアをはじめとする「三陸地方の力が集まったからこそ、プロジェクトが成立した」と南部さんは振り返る。

現在の日本において、地方では待っていてもコミュニケーションの仕事は生まれない。自らが行

南部哲宏　Tetsuhiro Nambu

一九六四年東京都生まれ。一九八九年千葉大学大学院園芸学研究科修了。同年、博報堂入社。マーケティングプランナーとして得意先企業の市場調査業務、商品開発業務、マーケティング戦略立案業務を担当。研究開発局を経て、一九九七年生活総合研究所。生活者研究の著書・講演多数。同時に第一次産業と地域振興のマーケティング研究を行う。二〇〇九年テーマビジネスユニット・企画開発部。二〇一二年テーマビジネスユニット・テーマ開発局・ソーシャルプランニング部。震災復興・農林水産業・観光産業を結びつけた新たな産業と雇用創出業務に従事。

動して、地域が必要としていることを知り、地元の人々と交流して、行政や地元企業と一緒になって地域振興プロジェクトを企画しなければならない。プロジェクトのメンバーたちは震災の起きる前から、ずっと地域振興の仕事に携わってきた。「三陸に仕事を！プロジェクト」を震災後すぐに立ち上げることができ、緊急支援の後回しにされてしまう雇用の創出や生き甲斐をミッションとしていち早く動き始めることができたのも、「これまで築いてきた知識やつながりがあったから」と南部さんは振り返る。

コミュニティの大切さ

震災の五日後にはプロジェクトメンバーは盛岡に集合し、地域に根付く情報企業として、いかなる支援ができるか議論が行われ、翌日、釜石市から海岸線沿いに陸前高田を目指して南下した。プロジェクトメンバーは、第一次産業のマーケティングや地域振興の専門家であるソーシャルプランニング部アカウントディレクターの南部哲宏さんと「三陸に仕事を！プロジェクト」事務局長の雫石吉隆さんら博報堂メンバー、ボランティアで同行した行政に精通している元行政マンの五人だ。五人は目に飛び込んで来る想像を超えた津波被害の凄まじさに驚愕しながら、これまで知り合ってきた沿岸部の人々の顔を思い浮かべ、その無事を祈り被災地に向かった。このチームのミッションは、単なる津波被害の視察ではなく、自分たちがやるべき復興支援を探る旅だった。移動する車の中でも、常にそれぞれの立場から考えられるアイデアを出し合い、意見交換しながら被災地を回った。移動を続ける最中に、漁で使えなくなって捨てられた網や津波によって打ち上げられた網が、至る所で目に入った。メンバーの心配事は、津波被害から助かったのは良いけど、一次産業で生活をしている人たちは社会保険に加入していない人がほとんどであることだ。つまり、失業保険をもらえないので、翌日から収入ゼロになってしまうのだ。そうした浜の現状を理解できているからこそ、被災地への緊急支援で日本中が大混乱の状況でも、その次に重要となる雇用の創出やコミュニティの復活、被災者が生き甲斐を取り戻すためのプロジェクトを考えることができたのだ。

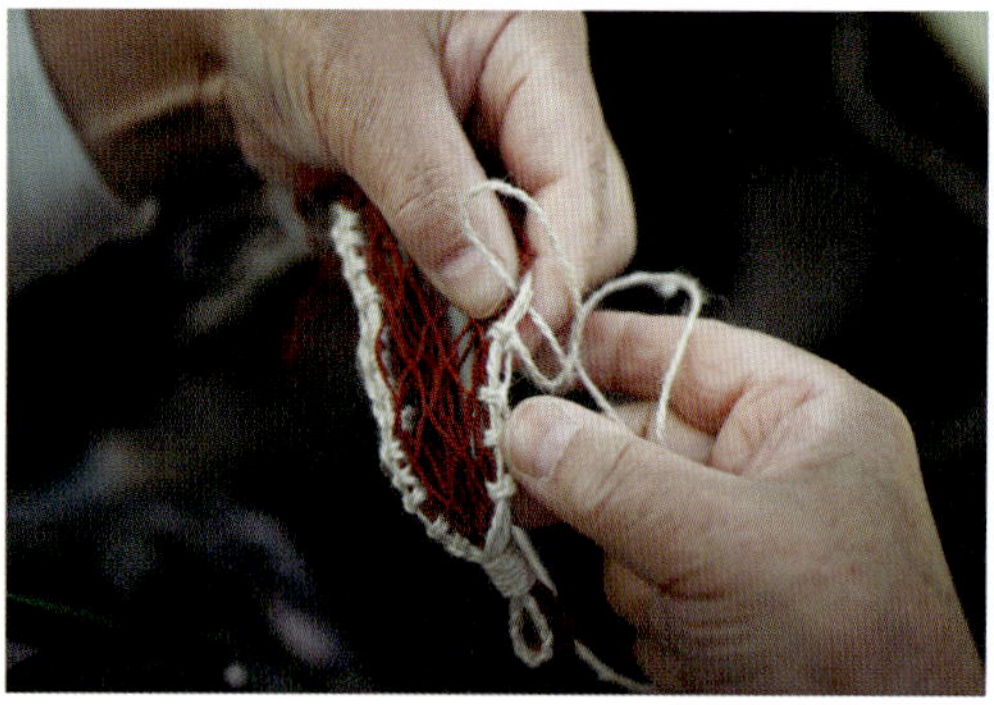

〔右ページ〕岩手県大船渡市三陸町越喜来
〔左ページ〕宮城県本吉郡南三陸町歌津

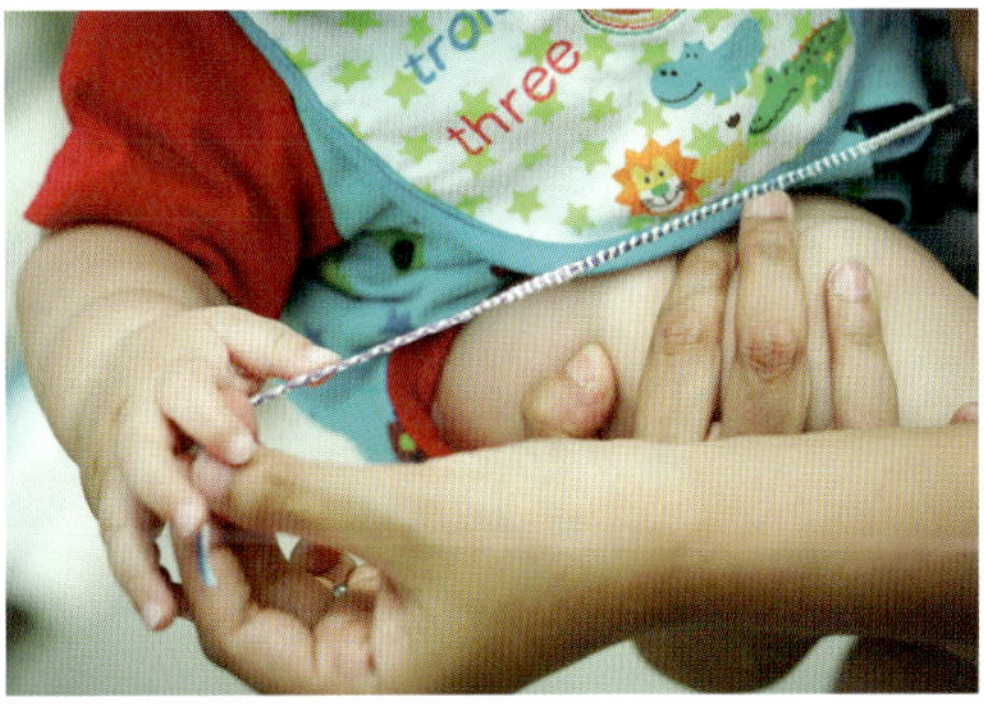
three

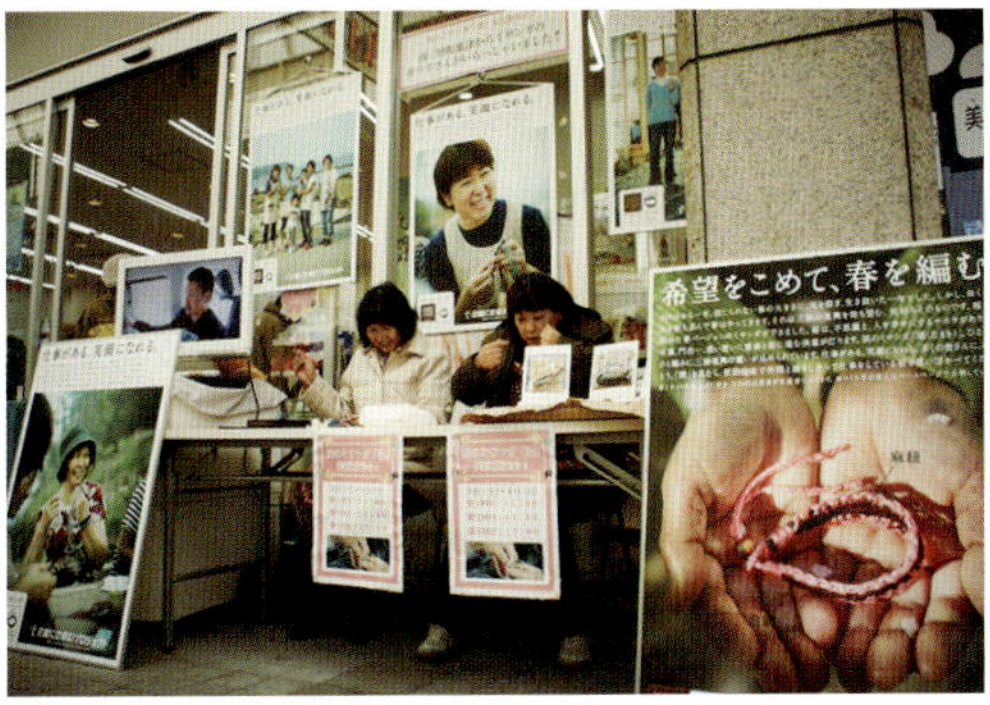
希望をこめて、春を編む

馬場中山

みんなの思いがミサンガを生んだ

「浜のミサンガ」が生まれるにあたって忘れてはならないのが、「三陸とれたて市場」のメンバーの存在である。この組織は東日本大震災が起こる以前から、三陸沿岸部を活性化させる活動を積極的に行っていた。大船渡市三陸町の漁業を支援するために、インターネットを使って三陸の魚介類の新しい価値を生む画期的なシステムを地元民と一緒に行っている。「三陸とれたて市場」のメンバーは、地元出身ではないがすでに地元民との強い絆があった。復興支援の方法を相談しているときに、「三陸とれたて市場」のメンバーのポケットから、ガラス玉に網を組み合わせたキーホルダーが出て来た。このガラス玉は、漁で網を固定するために昔から使われている浮き具である。そのミニチュアを〝浜のおばちゃん〟たちの手仕事で製作してもらい、アクセサリーとして販売し、現金収入を生み出そうとする試作品だった。それまでメンバーでいくつかの支援プランを検討していたが、ガラス玉のアクセサリーがきっかけとなり、クラフトの可能性が急浮上してきた。これを見たときに、まさにチーム内でアイデアのジャンプが起こった。プロジェクトメンバーたちの脳裏を、使われなくなった網や津波に流された網が横切った。〝浜のおばちゃん〟たちの手仕事、失業保険に代わる現金収入、コミュニティの復活、アクセサリーなどいくつかの重要なキーワードが連結した瞬間だった。復興の祈りをこめて、〝浜のおばちゃんたち〟に網を使って、ミサンガを作ってもらう。それも絆をつなぐ、切れないミサンガを製造販売することにした。みんなの願いをこめて、「浜のミサンガ『環（たまき）』」というネーミングに決めた。震災からわずか二週間足らずしかたっていない、三月二十八日にプロジェクトは誕生した。すぐにプロジェクトメンバーは、キャッシュ・フォー・ワークとして成立させるための仕組み作りを考えた。もともと資金ゼロから始めるので、在庫を抱えるリスクを回避するために受注生産にして、ネットを中心に販売する。それに加えて、お店で買い取って販売してもらうことは在庫を抱えるリスクと回収のリスクが少なくなるので、そうした販売契約も良しとすることにした。四月十五日には、キャッシュ・フォー・ワークをはじめとするプロジェクト全体の支援システムも出来上がっていた。さらに、東北地方を中心とするメディ

〔南部哲宏からのメッセージ〕

地域が浮上しないと日本も浮上しない。起業家を目指す若い人には、地域の持つ魅力を発掘するプロジェクトに積極的に関わってほしい。この国が浮上するには、東京だけが儲かっても浮上しない。これまでの大量生産・大量販売の仕組みの中では、この国の資源は非効率だった。しかし、価値観が変化した成熟社会では、少量・多品種生産がもっと必要とされるようになる。そうなると、日本は実に豊かな資源大国に見えてくる。本質的な豊かさに気づき、新しい技術やアイデアの力を有効に使いながら、革新的な経済・社会改革を行ってほしい。この課題はとても難易度が高いので、すぐにうまくはいかないが、創意工夫をして乗り越えてほしい。

アの協力体制の準備も始まっていた。

まず、網を使ったミサンガのデザインや作り方を決めて、インストラクターを「浜の工房」に派遣した。「三陸とれたて市場」のメンバーが中心になって、ミサンガ作りへの参加を呼びかけた。安否を心配していた〝浜のおばちゃん〟も、元気にミサンガ作りの先頭に立って、コミュニティの復活に協力してくれた。「浜のミサンガ」が有名になるにつれて、浜ごとに作るミサンガの製造方法やデザインに個性が生まれるようになった。それぞれの「浜の工房」で、自分たちで作り方やデザインに工夫を施している。毛糸を編む棒を使って編んでいたり、網の目をしっかり編みながらもとびとびに編んで材料を減らす工夫をしたりと、いろんな技術やデザインを生み出している。まさに東北地方に脈々と受け継がれてきた、伝統的なクラフトマンシップが「浜のミサンガ」で蘇ったのだ。そして何よりうれしいことは、〝浜のおばちゃん〟たちが楽しそうに、おしゃべりしながら仕事を行っている普通の光景が蘇っていることだ。立ち上げは、プロジェクトメンバーだけではなく、博報堂の組織力を生かしながら、地元の有力なメディアの岩手めんこいテレビ、仙台放送と共同プロジェクトとして立ち上げた。全国の主要なメディアもプロジェクトを報道してくれたことで、すぐに「浜のミサンガ『環』」は全国的に有名になり、予約をさばききれないほどの注文が入った。

「浜のミサンガ」からの学び

今回の取材を通じて筆者が学んだことがいくつかある。世界中で起きるさまざまな災害に対して緊急支援も大切であるが、被災者が日常生活を取り戻すための支援も緊急支援以上に重要であることだ。災害発生直後は社会の大きな注目を集めるので、多くの支援の手が差し伸べられる。緊急時を過ぎて状況が落ち着き、仮設住宅なども整備されてくる頃になると、残念ながら社会的関心も徐々に薄れていく。しかし、被災地では元の生活とは程遠い状況が依然として続いている。その最たるものが働く場所の問題である。一口に「雇用の創出」と言っても、中長期にわたって被災者の雇用を生み出すことは、失敗できないビジネスを立ち上げるに等しいと感じた。大災害が起こると経済的にも大きな打撃を受けるので、しばらくの間はその国の経済が低迷することは明らかである。

「浜のミサンガ」が継続的に雇用を生み出すことができた理由として、地方における一次産業を活性化させる地域振興のスペシャリストがメンバーにいたことや、プロジェクトを社会に知ってもらうためのコミュニケーションのプロもいたことが挙げられる。さらに、災害が起こる以前から地域の抱える問題や環境を十分に理解し、地元の行政や企業、コミュニティと信頼関係が出来ていたことも重要なポイントである。それから忘れてはならないのは、「三陸とれたて市場」の存在である。震災前から地元民と協力して、地域活性化のためにインターネットを使った、新しい三陸の漁業の価値を生み出す事業を積極的に行っていたことも挙げられる。そうした人々とのコミュニケーションがしっかり存在することで、プロジェクトメンバーたちが震災後すぐに沿岸部に暮らす一人一人の顔が思い浮かび、その人々の中長期的な生活の心配ができたことにつながるのである。プロジェクトメンバーが東日本大震災の被害が起こる以前から、他人事ではなく自分事として三陸と向き合っていたことを忘れてはならない。

プロジェクトメンバーたちは「浜のミサンガ」が、早く必要でなくなることを望んでいる。「ミサンガを作っていたおばちゃんたちが、次の職を見つけて卒業していくことが僕たちの目標」と語る。三陸地方は震災の起きる前から、経済をはじめとする地方が抱える問題のトップランナーだった。複合停滞地域とも言えるだろう。亡くなった方には申し訳ないが、津波によってすべてを洗い流され、リセットされたと考えて、三陸の魅力を再度棚卸して組み直し、新しい仕事や雇用を生み出していくことが復興につながり、ひいては三陸再生につながると考え、今後も継続的な支援を続けていく。

震災から一年半がたち、少しずつ漁の仕事を始めたり、水産加工に戻ったり、自分で起業する人も出てき始めている。行政の仕事はいわゆる震災前の状態に戻すのが目的だが、もともと経済の崖から落っこちていた三陸は、自分たちで新しいことを始めて、それを乗り越えていかなければいけない。「浜のミサンガ」を購入してくださった六万人の方々もそれを望んでいると思うし、新たな雇用を生み出すプロジェクトの応援団にもきっとなってくれるはずだとプロジェクトメンバーは考えている。

〔1・2・3〕岩手県陸前高田市〔4・5〕宮城県石巻市福貴浦〔6・7・8〕岩手県釜石市〔9・10〕岩手県山田町・大鎚町

1	6
2	7
3	8
4	9
5	10

浜のミサンガ
たまき
環

三陸に仕事を!プロジェクト
www.sanriku-shigoto-project.com
浜のミサンガ
環

18 チャリティー企画展　大迫修三

クリエイターがデザインした
ここでしか買えないグッズでチャリティを。

今や銀座の風物詩ともなった「クリエイションギャラリーG8」、「ガーディアン・ガーデン」の年末チャリティ企画展の仕掛人が大迫修三さんだ。このチャリティ企画展は、これまで二十一回も開催されていて、ソーシャルデザインとかCSRといった言葉が、社会で使われる以前から実施されていたプロジェクトである。毎年ギャラリーでアイテムを決めて、第一線で活躍するグラフィックデザイナーやイラストレーターが、自由にデザインをしたものを展示、チャリティ販売するシステムになっている。東日本大震災の起きた二〇一一年には、東日本の職人と一八〇人のクリエイターが作る印染トートバッグ展が開催された。印染（しるしぞめ）とは、大漁旗や袢纏（はんてん）など、文字や図案をオーダーメイドによって一つ一つ染め上げる、平安時代から続く伝統工芸の染物である。被災した岩手、宮城、福島、茨城の四県は日本有数の漁港を持ち、海の安全と豊漁を祈願して大漁旗が色鮮やかにはためいていた。このプロジェクトでは、被災地四県で染め物業を営む十八社の職人さんの染めた、伝統的な印染によるトートバッグになっている。展覧会の収益は、毎回ユニセフに全額寄付されているが、この年は被災地への義援金として寄付された。印染トートバッグ展は義援金での支援だけでなく、それと同時に被災地の職人に直接仕事を依頼することで、地元の伝統産業の復興支援にもなる一石二鳥の企画だった。

デザインギャラリーの誕生

大迫さんは一九七六年に多摩美術大学を卒業、リクルートにデザイナーとして入社した。企画制作部でデザイナー、ディレクターとしての日々を送り、一九八四年に当時の社長だった江副さんか

大迫修三　Nobumitsu Oseko
一九五三年東京生まれ。一九七六年多摩美術大学グラフィックデザイン専攻卒業、同年株式会社リクルートに入社。各企業の採用広告を、デザイナーとして制作。一九八五年の開設より二〇一一年までクリエイションギャラリーG8の企画・運営を担当。また、ガーディアン・ガーデン開設のプロジェクトに参加。『ひとつぼ展』の公開審査会方式を提案し、審査回数は五〇回を数える。在籍中に『チャリティー企画展』『タイムトンネルシリーズ』など両スペースを通じて六〇〇以上の企画展をプロデュースする。また、一九八八年より取締役に就任した亀倉雄策氏のリクルートの窓口として亡くなる一九九七年まで担当。二〇一〇年六月より、JAGDA事務局長に就任、二〇一二年三月、リクルートを退職、専任となる。JAGDA会員、二〇〇二年『メセナ大賞育成賞』、二〇〇四年『グッドデザイン賞』。二〇〇五年『毎日デザイン賞特別賞』受賞。

ら「銀座の自社ビルにギャラリーを開設したいので、運営を担当してほしい」と頼まれた。大迫さんは、すでに出来上がっているものや先に誰かがやっているものを真似することだけは嫌だった。たとえ困難が付きまとっていても、チャレンジを選ぶ性格である。

ギャラリーといっても、銀座にはすでに何百ものアートギャラリーが存在していたが、当時、自社ビル周辺の銀座四〜八丁目には、デザインギャラリーは一つもなかった。リクルートは若い企業だったし、ギャラリーにも若者にたくさん来てほしいと考えた。ギャラリーが社員も含めて人と人が出会う場所になってくれたら、リクルートがギャラリーを開設する意義がある。しかし、年間を通じて展覧会を行うためには、次々と企画を考え、実現していく必要がある。デザインの評論家などに委託し、プロデュースしてもらえば楽に運営はできるが、大迫さんはあえてその道を選ばなかった。自分たちで企画、運営をしなければ、作家やお客様とリクルートのパイプが生まれない。それができなければわざわざギャラリーを運営する意味がない。ギャラリーを新しいコミュニティの場にしたいと思った。それから、毎月展覧会を企画、実施する日々が二十七年間続いた。一九九〇年から、さらにもう一つのギャラリー「ガーディアン・ガーデン」が開設された。これまでギャラリーが企画したコンペで、才能あるデザイナー、イラストレーター、写真家を次々と発掘してきた。特に写真界の芥川賞と言われる木村伊兵衛賞作家を数多く輩出していることは、特筆すべき実績である。

チャリティ企画展の誕生

チャリティ企画展のアイデアは、「グラフィックデザイナー、イラストレーター、写真家を一堂に集めて行う企画はないか」とグラフィックデザイナーの青葉益輝さんと相談した結果生まれたものだった。青葉さんは、日本で最初に公共広告を制作して、社会に認知させた功労者でもある。容姿に似合わずとても面倒見の良い人で、筆者も本当にお世話になり、皆が尊敬するデザイナーだった。青葉さんとの話し合いの中で、クリエイターにクリスマスカードをボランティアでデザインしてもらい販売することにした。売り上げは全額チャリティにすることにし、ユニセフに相談したら

〔左〕一九九一年 THANKS CARD

Michihiko Yanai
Koichi Sato
Eriko Kawakami
Masayoshi Nakajo
Naoko Fukuoka
Norito Shinmura

快諾してもらえた。五〇人のクリエイターにおそるおそる参加依頼をお願いしたら、なんと全員に承諾してもらえた。参加作家の原画やデザインを展示、出来上がったクリスマスカードも五〇枚を一セットにして一五〇〇円でチャリティ販売をした。展覧会は話題になり成功。しかし、二〇〇〇セット印刷したポストカードの半分が売れ残ってしまった。八〇〇万円もの印刷費をかけて、売り上げは一五〇万円。このカードは、クリスマスを過ぎるとまったく売れなくなるので、その反省を踏まえて次の年はもう少し汎用性のある THANKS CARD にしてみた。参加作家は少し増やして六十八人。残念ながらポストカードは、前年と同じく半分近く売れ残ってしまった。クリエイターのオリジナル作品の展覧会といった新しい仕組みは生み出せたが、チャリティ企画の視点から見ると失敗だった。印刷費の八〇〇万円をそのまま寄付したほうがよほど社会貢献なるので、このままでは継続させられないと頭を抱えてしまった。いろいろと悩んだ結果、良い解決策が見つからず、残念ながら次の年はチャリティ展の開催を見送った。

一点物で難問を解決

大迫さんは絶えずこの難問を突破できるアイデアを捜し続けていた。あるとき、白い壁掛け時計に目が止まった。文字盤は紙で出来ていたので、これに直接デザインしてもらえる。印刷をするからコストがかかってしまう。一点物のオリジナル作品にして展示、販売すれば、初期コストを大幅に抑えることができる。ポストカードと比べても、ずっと部屋に飾って楽しむことのできる時計のほうがデザイン的な価値もある。「これならいける」と確信した。そこで、大迫さんは賭けに出た！新しく開設したギャラリーの「ガーディアン・ガーデン」も使って二カ所で同時に展示、参加作家も一気に二〇〇人に増やした。すでに実績のあるクリエイターは「クリエイションギャラリーG8」、若手のクリエイターは「ガーディアン・ガーデン」で展示を行い、同じテーマで作品を制作することで若手とベテランの対決とした方が、エキサイティングな展覧会になると判断した。一流のクリエイターだけに、誰も考えつかないような斬新なデザインだったり、紙を加工したユニークなアイ

〔右ページ〕二〇一一年東日本大震災復興支援企画・東日本の職人と一八〇人のクリエイターが作る印染トートバッグ展

デアの作品が集まった。大迫さんの想像を超える魅力的なデザインの壁掛け時計展になった。ギャラリーを訪れた人からも「来年もぜひやってほしい」とリクエストがあり、ポストカード以上の評価をもらえた。残った作品は作家に返却した。前回までは売れ残ったポストカードを、スタッフがリクルートの社員に売り歩いてもらったりと苦労をかけていた。一点物の希少価値のある作品なので、一万五〇〇〇円で販売、六割以上が売れて二〇〇万円近くをユニセフに寄付することができた。時計の原価は二〇〇〇円で、二〇〇人に提供しても四〇万円しかかかっていない。コスト的にもポストカードとは比べ物にならない。クリエイターにはクリエイティブをボランティアで提供してもらい、ギャラリーも収益を考えず企画運営し、多くの入場者に購入してもらい、それが結果としてチャリティに結びつく。こうして、展覧会としての独自性と、チャリティイベントとしての側面も持ち合わせた、画期的な仕組みが生まれた。

一五〇メートルの行列

この頃から、毎回次の年の商品を探す楽しみと苦労が始まった。一九九四年は、ヤマギワに協力してもらいオリジナルランプを開発した。参加作家には、紙製のカバーに直接デザインしてもらった。この展覧会は、作品がそのまま美しい照明となり、ギャラリーを訪れたお客様はロマンチックな空間でランプのデザインを楽しむことができた。次の年は、吉祥寺にセイコーのムーブメントを使ったオリジナルの腕時計を制作するラコータというお店を探しあてた。この店との出会いが、すごい記録を生み出すことになる。腕時計の文字盤は小さいので、印刷をしてもコストがかさむこともないし、作家にもプレゼントすることができる。商品が小さいので展示スペースも取らないから、参加作家を一気に三〇〇人に増やした。オープン初日の朝、ギャラリーの近くに行くと、それまで見たこともない光景が目に飛び込んで来た。ギャラリーの入口から続く行列が、なんとリクルートのビルを一周してしまっていた。行列は一五〇メートルを超えていて、さすがの大迫さんも腰を抜かした。折からのスウォッチブームと、このギャラリーでしか手に入らない腕時計の魅力が、時計

〔大迫修三からのメッセージ〕
プロジェクトを成功させるためには、まず自分が楽しくなければ駄目だと思う。よく若いクリエイターから「大迫さんは、いつも楽しそうですね」と声をかけられる。ポジティブなエネルギーのあるところには、たくさんの人が集まる。「これは社会貢献だから苦しくて大変だけど頑張ってます」って顔をしてたら、周りに人は集まらない。それから、プロジェクトを成功させるためには、まず実行してみることが大切。もちろん、できる限り企画を練ることも重要だが、実行することで足りない部分やうまくいっているところが見えてくる。そこで気づいた課題を乗り越えるアイデアを産み出せば、プロジェクトは必ず成功する。

〔1・2・3〕一九九三年二〇〇人のオリジナル時計「銀座八丁目時計屋何時展」〔4・5・6〕一九九九年二〇〇人の絵付けによるデザインだるま展〔7〕二〇〇七年二九〇人のクリエイターによるオリジナルカップ&ソーサー展「お茶にしませんか?」

4	1
5	2
6	3
7	

Takato Yamamoto

Kotaro Hirano

Osamu Fukushima

Fred Otnes

マニアまで引き込んだのだ。ユニセフへの寄付金は、四〇〇万円以上にもなった。話題性も抜群だし、チャリティとしても最高の企画展となり、これまでの苦労が報われた。海外の作家からも高い評価をもらった。

時代を先取りする企画展

チャリティ企画展も含めて、「クリエイションギャラリーG8」と「ガーディアン・ガーデン」の取り組みが社会的に評価され、二〇〇二年にメセナ大賞、二〇〇三年に日本写真協会育成賞、二〇〇四年にグッドデザイン賞。そして、二〇〇五年には「ギャラリー二〇年」のディレクションに対して、大迫さん個人に毎日デザイン賞特別賞が贈られた。チャリティ企画展は毎年のように話題を提供しているが、二〇〇五年の「二八〇人のクリエイターによるオリジナルエコバッグ展」は、またしてもすごい記録を残した。まだ社会で、エコバッグという言葉が使われ始めて間もない頃だったので、まさに時代を先取りする企画だった。ギャラリーでもたくさんの人に買ってもらったが、展覧会が終わった後に有名デパートから次々と巡回展の依頼が相次いだ。普段ライバル関係にあるデパート同士は、プライドがあるので同じ企画展は行わないものだが、そんなことはお構いなしでしばらくの間、全国での巡回展が続いた。巡回展も含めて、三五〇〇円のエコバッグが七五〇〇枚以上売れたのだから驚きだ。売り上げだけでも二六二五万円とすごい数字になった。

こうした数字以上にうれしかったのは、ギャラリーを訪れるお客さんを見ていると、デザインを楽しみながら商品を選ぶ人がとても増えたことだ。カップルがそれぞれの気に入った商品を、どこが魅力的なのかを互いに説明している。夫婦で訪れた方は「作品は好きだけど自分たちの家のインテリアにマッチしないので、別の作品を選ぼう」と楽しそうに会話している。そうした様子を見て、自分たちの企画展が日本のデザイン文化に一役買っていることを感じて、幸せな気持ちになった。

大迫さんの手腕とデザインに対する深い愛情が買われて、リクルートを定年より一年早く退職し、二〇一二年より正式に社団法人日本グラフィックデザイナー協会（JAGDA）の事務局長に迎え入れられた。二つのギャラリー運営は、二〇年近く大迫さんを支え続けた、菅沼比呂志さん、小高真紀子さんをはじめとする優秀なスタッフが後を継ぐことになった。今後も二つのギャラリーはクリエイターにとってなくてはならないものだろうし、これからJAGDAの事務局長としての大迫さんの活躍が、周囲からも期待されている。

〔上〕二〇〇五年二八〇人のクリエイターによるオリジナルエコバッグ展「ECO BAGS SAVE THE EARTH」〔中〕一九九四年右も左もオリジナルテーブルライト「Right-Left-Light展」〔下〕二〇〇一年雨の日が楽しくなる「ハッピーアンブレラ二〇〇」

〔参考文献〕

デザインが奇跡をおこす　水谷孝次　ＰＨＰ研究所
仕事と人生を楽しむために必要なこと　梶山寿子　ＰＨＰ研究所
ニッポンの風景をつくりなおせ　梅原真　羽鳥書店
ハッピーバースデー 3.11　並河進　飛鳥新社
世界を変えるデザイン　シンシア・スミス［編］槌屋詩野［監訳］北村陽子［訳］英治出版
週間ダイヤモンド［二〇〇九年四月号］ダイヤモンド社
明日のコミュニケーション　佐藤尚之　アスキー新書
明日の広告　佐藤尚之　アスキー新書
プロボノ　嵯峨生馬　勁草書房
震災のためにデザインは何が可能か　hakuhodo＋design /studio-L　ＮＴＴ出版
コミュニティデザイン　山崎亮　学芸出版社
ソーシャルデザイン　グリーンズ編　朝日出版社
チェンジメーカー　渡邊奈々　日経ＢＰ社
いつか、すべての子供たちに　ウェンディ・コップ［著］東方雅美［訳］英治出版
一秒の世界　山本良一［責任編集］Think the Earth Project［編］ダイヤモンド社
ぼくのウンチはなんになる？　ツシッタ・ラナシンハ［作］秋沢淳子［訳］ミチコーポレーション
未来を変える八〇人　シンヴァン・ダルニル、マチュー・ルルー［著］永田千奈［訳］日経ＢＰ社

クリエイティブで世界を変える

発行日 二〇一二年十一月二十一日
発行人 藤井一比古
発行所 株式会社 六耀社
〒一六〇-〇〇二二
東京都新宿区新宿二-十九-十二静銀ビル
TEL 〇三-三三五四-四〇二〇(代)
FAX 〇三-三三五二-三一〇六
振替 〇〇一二〇-五-五八八五六
http://www.rikuyosha.co.jp/

編集・執筆 福島治+佐藤良仁+鈴木淳
装丁・本文デザイン 福島治+古川洋祐
写真 鶴田義久
印刷・製本 シナノ書籍印刷株式会社
©Rikuyosha Co.,Ltd.
ISBN978-4-89737-723-0
無断転載・複写を禁止します。
Printed in Japan